Priscilla Battini Prueter

COM MAESTRIA

preparação e estratégias
para o canto coral

Rua Clara Vendramin, 58 . Mossunguê
CEP 81200-170 . Curitiba . PR . Brasil
Fone: (41) 2106-4170
www.intersaberes.com
editora@intersaberes.com

Conselho editorial
Dr. Alexandre Coutinho Pagliarini
Drª Elena Godoy
Dr. Neri dos Santos
Dr. Ulf Gregor Baranow

Editora-chefe
Lindsay Azambuja

Gerente editorial
Ariadne Nunes Wenger

Assitente editorial
Daniela Viroli Pereira Pinto

Preparação de originais
Fabrícia E. de Souza

Edição de texto
Monique Francis Fagundes Gonçalves
Natasha Suellen Ramos de Saboredo
Novotexto

Capa e projeto gráfico
Charles L. da Silva (*design*)
Ken Hurst/Shutterstock (imagem)

Diagramação
Kátia Priscila Irokawa

***Designer* responsável**
Charles L. da Silva

Iconografia
Regina Claudia Cruz Prestes
Sandra Lopis da Silveira

Dados Internacionais de Catalogação na Publicação (CIP)
(Câmara Brasileira do Livro, SP, Brasil)

Prueter, Priscilla Battini
 Com maestria: preparação e estratégias para o canto coral/ Priscilla Battini Prueter. Curitiba: InterSaberes, 2022.
(Série Como a Banda Toca)

 Bibliografia.
 ISBN 978-65-5517-198-3

 1. Canto coral 2. Canto coral - História 3. Canto coral - Técnicas 4. Partituras I. Título. II. Série.

22-104362   CDD-783.8

Índices para catálogo sistemático:
1. Canto coral: Música   783.8

Cibele Maria Dias - Bibliotecária-CRB-8/9427

1ª edição, 2022.

Foi feito o depósito legal.

Informamos que é de inteira responsabilidade da autora a emissão de conceitos.

Nenhuma parte desta publicação poderá ser reproduzida por qualquer meio ou forma sem a prévia autorização da Editora InterSaberes.

A violação dos direitos autorais é crime estabelecido na Lei n. 9.610/1998 e punido pelo art. 184 do Código Penal.

SUMÁRIO

9 Apresentação
12 Como aproveitar ao máximo este livro

Capítulo 1
17 A história do canto coral

19 1.1 Renascença: a era de ouro da polifonia vocal
25 1.2 Barroco: a valorização da imperfeição
40 1.3 Classicismo: a busca pela perfeição musical
47 1.4 Romantismo: originalidade e emoção
51 1.5 A música coral nos séculos XX e XXI: a Era Moderna e a música contemporânea

Capítulo 2
63 O canto coral no Brasil

64 2.1 Jesuítas no Brasil Colônia
75 2.2 Prática nos centros do Brasil Colônia
81 2.3 Século XX: Villa-Lobos e o canto orfeônico
90 2.4 Movimento coral brasileiro e composições para coro
94 2.5 O cancioneiro popular brasileiro para coro

Capítulo 3

102 O aparelho fonador e as diferenças entre as vozes falada e cantada

103   3.1 Anatomia do aparelho fonador
129   3.2 Por que as pregas vocais vibram?
137   3.3 Do fluxo de ar ao som
143   3.4 As diferenças entre a voz falada e a voz cantada

Capítulo 4

156 Registro vocal, timbre, vibrato e técnicas corais

157   4.1 Tipos de registro vocal
165   4.2 Classificação vocal
174   4.3 Teoria dos formantes e formante do cantor
184   4.4 Tipos de vibrato
193   4.5 Homogeneidade, entonação vocal e precisão rítmica

Capítulo 5

211 Preparação para o ensaio coral

212   5.1 Ouvido polifônico
215   5.2 Relação corpo e voz
224   5.3 Preparação de exercícios de aquecimento, articulação e ressonância
235   5.4 Alfabeto Fonético Internacional no canto coral

238   5.5 Preparação com exercícios de flexibilidade, projeção e extensão vocal
248   5.6 Saúde e higiene vocal: os mitos com os cuidados vocais

Capítulo 6
261 Aprendizagem de repertório coral

262   6.1 Tipos de ensaio
269   6.2 Estratégias e técnicas de ensaio para coros amadores
278   6.3 Leitura de partituras para coral
288   6.4 Cânones e ostinatos
291   6.5 Canto coral em uníssono
296   6.6 Canto coral em duas vozes
299   6.7 Canto coral em três ou mais vozes

313   Considerações finais
315   Referências
325   Bibliografia comentada
327   Respostas
329   Sobre a autora

Dedico este livro ao meu grande mestre, Jorge Fernando de Almeida Barros, que foi prematuramente levado pelo Covid-19 em 2021. Jorge, eterna gratidão por seu legado musical.

Agradeço, em primeiro lugar, a minha mãe, Thelma, por ter me incentivado a estudar piano quando eu era pequena e a seguir na música na vida adulta. Seu apoio constante foi fundamental.

Aos meus filhos, Thiago e Gabriel, pela alegria e por seu amor, além de me lembrarem de escrever o livro toda vez que eu queria descansar um pouco. Danadinhos! Vocês são meus eternos parceiros.

Ao meu marido, Luiz Guilherme, por doar uma grande parte de suas horas a mim, para que esse livro pudesse ser finalizado, e pela parceria incondicional.

A toda a equipe da Editora Intersaberes, pela orientação, pelo excelente trabalho de revisão e pela paciência com esta escritora de primeira viagem.

À Jeimely Bornholdt, pelo convite para escrever o livro e pela confiança no meu trabalho.

À Magda Pucci, pelo olhar cuidadoso que teve quando pedi ajuda sobre as possibilidades de inserção da música indígena no canto coral e pela generosidade em contribuir neste projeto com sua experiência, sua pesquisa e seu material.

Ao meu irmão, Alexandre, pelas fotos tiradas especialmente para este livro.

Aos meus coralistas, que em todos esses anos caminharam ao meu lado me desafiando e me proporcionando meios para que eu pudesse me desenvolver profissionalmente.

"Por isso disse o poeta que Orfeu tinha o poder de atrair com seu canto as próprias pedras, as árvores e as ondas, visto como não há nada insensível, cruel e duro a que não possa a música, com o tempo, mudar a natureza".

(William Shakespeare)

APRESENTAÇÃO

O canto coral faz parte de dezenas de culturas, e sua tradição é mantida, em grande parte, por coros amadores. No mundo inteiro, são eles que perpetuam o repertório e a sonoridade coral em apresentações, encontros, festivais, concertos e espetáculos. Esse tipo de canto nos congrega de uma forma que provavelmente outra atividade musical jamais será capaz de conseguir: quando cantamos juntos, buscamos nos sentir parte de um todo e, ao mesmo tempo, somos ouvidos.

Quem canta em coral não tem medo de ser solista nem tem menor capacidade vocal, mas se desafia ao máximo para se moldar à sonoridade do grupo, contribuir com sua voz e, assim, vivenciar a polifonia e a massa sonora que o canto coral proporciona. Além disso, aprende a solucionar conflitos, a ter seu momento de cantar e ser ouvido e a colocar sua voz em um mundo repleto de ruídos, que, muitas vezes, nos fazem esquecer da nossa alegria, do nosso propósito.

Esta obra é destinada a todos aqueles que queiram conhecer um pouco desse universo da música, o canto coral, e àqueles que já fazem parte dessa caminhada, mas que desejam conhecer outras vivências, outras experiências e outros pontos de vista.

No Capítulo 1, abordaremos o canto coral pela ótica da história ocidental da música. É extremamente necessário esclarecermos a evolução dos estilos, assim como o desenvolvimento do canto coral no Brasil. Também apresentaremos compositoras mulheres — algumas de suas obras estão listadas ao longo do primeiro capítulo. No Capítulo 2, trataremos da história da música no Brasil e de alguns aspectos socioculturais que fundamentam nossa prática coral.

No Capítulo 3, abordaremos a fisiologia vocal, além de alguns aspectos acústicos da voz, pois essa é a nossa matéria-prima. Como condutores do trabalho com o coro, precisamos estar munidos de conhecimento para que a sonoridade dos grupos possa se desenvolver em seu potencial máximo.

No Capítulo 4, discorreremos sobre registros vocais, classificação vocal de cantores sem treinamento prévio, tipos de vibrato e seu uso no canto coral, formante do cantor e abordagens para se trabalhar a homogeneidade sonora do grupo, com propostas de exercícios exemplificadas no texto.

No Capítulo 5, demonstraremos a preparação que o regente deve fazer antes do ensaio coral, como deve analisar uma partitura e, a partir dela, tomar as decisões de exercícios corporais e técnicos para que o coro atinja seu potencial. Também trataremos do Alfabeto Fonético Internacional, já que coros precisam, muitas vezes, cantar em línguas que não dominam. Além disso, abordaremos alguns mitos que envolvem a saúde da voz cantada e falada e como podemos trabalhar isso com os cantores.

Por fim, no Capítulo 6, trataremos do estudo do regente, dos tipos de ensaio, de algumas metodologias e abordagens de ensaio possíveis, sempre com exemplos práticos. Esses exemplos são frutos de mais de 20 anos de carreira no canto coral com grupos iniciantes. Portanto, é essa perspectiva que estará em pauta a maior parte do tempo.

Todos os capítulos trazem dicas de tecnologias educacionais, aplicativos e plataformas que podem ser utilizados no trabalho com os coros.

Boa leitura!

COMO APROVEITAR AO MÁXIMO ESTE LIVRO

Empregamos nesta obra recursos que visam enriquecer seu aprendizado, facilitar a compreensão dos conteúdos e tornar a leitura mais dinâmica. Conheça a seguir cada uma dessas ferramentas e saiba como elas estão distribuídas no decorrer deste livro para bem aproveitá-las.

Primeiras notas

Logo na abertura do capítulo informamos os temas de estudo e os objetivos de aprendizagem que serão nele abrangidos, fazendo considerações preliminares sobre as temáticas em foco.

Experiência da autora

Nesta seção, há relatos de experiências e práticas metodológicas aplicadas pela autora ao longo de sua carreira.

Ampliando o repertório

Sugerimos a leitura de diferentes conteúdos digitais e impressos para que você aprofunde sua aprendizagem e siga buscando conhecimento.

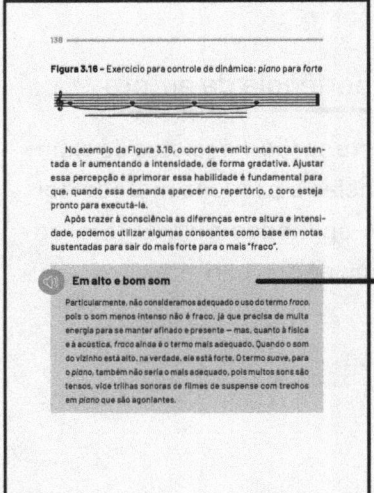

Em alto e bom som

Algumas das informações centrais para a compreensão da obra aparecem nesta seção. Aproveite para refletir sobre os conteúdos apresentados.

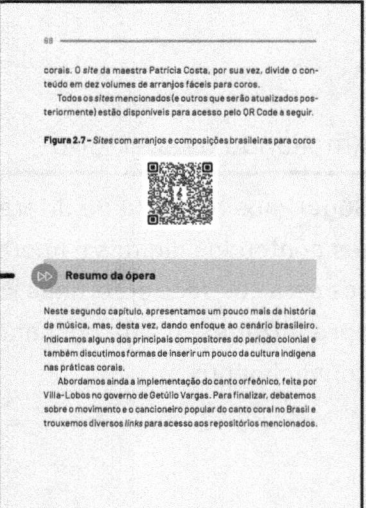

Resumo da ópera

Ao final de cada capítulo, relacionamos as principais informações nele abordadas a fim de que você avalie as conclusões a que chegou, confirmando-as ou redefinindo-as.

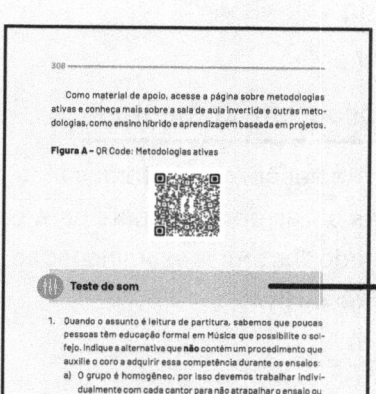

Teste de som

Apresentamos estas questões objetivas para que você verifique o grau de assimilação dos conceitos examinados, motivando-se a progredir em seus estudos.

Treinando o repertório

Aqui apresentamos questões que aproximam conhecimentos teóricos e práticos a fim de que você analise criticamente determinado assunto.

Bibliografia comentada

Nesta seção, comentamos algumas obras de referência para o estudo dos temas examinados ao longo do livro.

BIBLIOGRAFIA COMENTADA

CASCARDO, A. P. **Aquecimento e manutenção de voz**. Edição do autor. Curitiba: [s.n.], 2018.

Esse livro aborda desde tópicos sobre a saúde e a fisiologia vocal até exercícios de respiração, articulação e ressonância que o cantor deve fazer regularmente a fim de manter sua voz saudável e tonificada. Ainda conta com uma análise sobre a importância do desaquecimento vocal. O livro é acompanhado de partituras e CD com vocalises.

GOMES, L. **1808**: como uma rainha louca, um príncipe medroso e uma corte corrupta enganaram Napoleão e mudaram a história de Portugal e do Brasil. São Paulo: Globo, 2014.

Laurentino Gomes é um historiador responsável por obras que detalham alguns dos momentos mais importantes da história do Brasil. Esse livro apresenta detalhes de como foi a partida e a chegada da Família Real em solo brasileiro e como esse fato impactou a cultura e a economia da época, provocando profundas transformações na sociedade brasileira.

Capítulo 1
A HISTÓRIA DO CANTO CORAL

Na carreira do canto coral, é natural que nos deparemos com os mais diversos pedidos de músicas a serem cantadas, as quais variam não somente nos estilos, mas também na época em que foram compostas. Nesse sentido, é bastante interessante que o regente esteja preparado para abordar as obras respeitando suas principais características, sabendo preparar o ensaio para seu grupo.

O canto coral tem uma fortíssima importância na construção da música como a conhecemos atualmente. Por séculos, ele foi predominante tanto na música sacra quanto na música profana. O nascimento das orquestras é relativamente recente; seu surgimento e estabelecimento se deu somente após o auge da polifonia vocal.

No que concerne à interpretação da música coral, o conhecimento histórico é essencial. Como afirma Fernandes, Kayama e Östergren (2006b, p. 35):

> Pode-se dizer que a sonoridade de uma obra na performance, como resultado do processo interpretativo, é uma forma através da qual o intérprete pode expressar sua visão da obra. A dedicação ao estudo dos aspectos relacionados à sonoridade dos vários estilos de música coral é, pois, um caminho seguro e eficaz para o regente no cumprimento de sua tarefa de "tradutor".

Conhecer os aspectos históricos de cada época, trabalhar suas características técnicas e escolher um bom repertório para o coro faz parte do trabalho do regente coral. Fernandes, Kayama e Östergren (2006a, p. 52) apontam que: "No que tange a questionamentos envolvendo a performance coral em épocas e culturas diversas, a busca de respostas calcadas em evidências é uma atitude que pode dar grande dimensão ao processo interpretativo".

Consideramos particularmente interessante ter um repertório eclético, que contemple vários estilos, línguas, texturas, ritmos e épocas, assim como níveis de dificuldade técnica. Obviamente que cada caso é um caso, cada coro é um coro. Cada projeto terá seu próprio objetivo, e, muitas vezes, esse objetivo acaba por delimitar o repertório que o grupo cantará.

Neste capítulo, além de apresentarmos as características de cada período, daremos dicas e técnicas de ensaio para coros amadores, com estratégias de ensaio que podem ser aplicadas a coros reais, do nosso dia a dia. Essa decisão foi motivada por experiências pessoais referentes a determinados repertórios, muito difíceis para os grupos corais amadores, visto que muitos autores do canto coral não explicavam como começar a ensaiar o tipo de obra em questão com este público, que mal sabia ler uma partitura.

1.1 Renascença: a era de ouro da polifonia vocal

Foi na Renascença que surgiu o canto coral tal como conhecemos atualmente: com diversas vozes, polifonia, texturas e linhas contrapontísticas. Entender o contexto histórico do período, assim como seus principais compositores e obras, é fundamental para qualquer regente coral.

Vale ressaltar que o período que engloba a música renascentista corresponde a um movimento cultural muito forte na Europa, que se deu aproximadamente entre 1400 e 1600, surgido na Itália. É bem comum encontrarmos o termo *Renascença italiana* ou *Renascimento* para nomeá-lo.

O Renascimento foi um período de descobertas e inovações que se contrapôs à Idade Média, ou seja, que deixou para trás a Idade das Trevas. Na música vocal, foi o auge da polifonia, com músicas sacras e profanas sendo escritas para quatro, seis, oito vozes, ou, até mesmo, para policorais. A música sacra passou a ser patrocinada pela Igreja Católica e a música profana, pela nobreza. Nessa época, surgiram nomes revolucionários em diversas áreas do conhecimento, como Leonardo da Vinci, Michelangelo e Galileu Galilei.

Na música, são vários os compositores consagrados, como Giovanni Pierluigi da Palestrina (Itália), Orlande de Lassus (Bélgica), Josquin Desprez (França), William Byrd e John Dowland (Inglaterra), Tomás Luis de Victoria (Espanha) e Heinrich Schütz (Alemanha).

Ainda que não fosse usual mulheres ocuparem o espaço da composição musical durante boa parte da história da música, gostaríamos de destacar o nome de algumas: Maddalena Casulana, Lucia Quinciani, Claudia Sessa e Caterina Assandra. Maddalena Casulana (1544-1590) foi a primeira mulher compositora a ter um livro impresso de suas canções, em 1568: *Il primo libro di madrigali a quattro voci*. Ela dedicou essa obra a Isabella de' Medici (1542-1576), também compositora, grande mecenas das letras e artes durante a Renascença italiana na região da Toscana (Garnett, 2006). Em sua dedicatória para Isabella, Maddalena menciona a dificuldade que era ser uma mulher compositora na época:

> Sei verdadeiramente, Excelentíssima Senhora, que estes meus primeiros frutos, por mais falhos que sejam, não podem produzir o efeito que desejo, que seria além de fornecer alguma evidência da minha devoção a Vossa Excelência, também para mostrar ao mundo o erro fútil de homens que se julgam patronos dos elevados dons do intelecto, que, segundo eles, não podem ser tidos da mesma forma pelas mulheres. (Maddalena..., 2022, tradução nossa)

É importante mencionar mulheres compositoras, pois, por muito tempo, foi um assunto pouco comentado nos programas de graduação em Música, visto que as referências históricas sempre foram masculinas. Felizmente, nos últimos anos, as mulheres têm se fortalecido e ampliado a pesquisa e a participação em diversas áreas do conhecimento. Incluir repertório de compositoras renascentistas no trabalho dos corais é tão importante quanto cantar músicas renascentistas de qualquer compositor.

 Ampliando o repertório

Saiba mais sobre Maddalena Casulana acessando o QR Code a seguir.

Figura 1.1 - QR Code: Maddalena Casulana

Foi ao final do período renascentista que surgiu um interesse maior pela música instrumental. As primeiras orquestras datam da transição entre a Renascença e o Barroco. Antes desse interesse, os instrumentos apenas "dobravam" as vozes dos cantores. O próprio termo *a cappella*, pertencente ao canto coral e utilizado para descrever uma execução musical coral sem acompanhamento instrumental, também era empregado quando havia somente a dobra da voz por instrumentos, ou seja, os instrumentos que acompanhavam os cantores não tinham uma linha com vida própria.

As principais formas musicais do período renascentista foram a missa e o moteto, no âmbito sacro, e o madrigal e a *chanson*, no âmbito profano.

A **missa** é uma forma musical originada do rito da Igreja Católica. Não surgiu na Renascença, mas foi se modificando ao longo dos séculos. Contudo, foi nesse período que os compositores empregaram grande parte de seus esforços criativos nessa forma musical. A missa é dividida em cinco partes: Kyrie; Gloria; Credo; Sanctus; e Agnus Dei. Cada parte tem um texto próprio de origem italiana, exceto pelo Kyrie, que tem origem grega. A título de sugestão, a missa *Papae Marcelli*, de Palestrina, é uma das que vale a pena conferir.

O **moteto** também é uma forma musical de origem sacra, mas bem mais curto que uma missa. Costumava ser cantado no dia a dia das pessoas, diferentemente da missa, reservada para cerimônias e serviços religiosos da Igreja Católica. Então, podemos dizer que o moteto era uma canção polifônica com temas sacros. Uma sugestão de moteto é *Sicut cervus*, também de Palestrina.

Os **madrigais** eram canções escritas que tinham como base poemas cujos temas variavam entre assuntos populares, como heroísmo, amor, conquista, natureza, vida e morte. Apesar de se tratar de uma canção popular, o madrigal se afasta da *chanson* francesa não somente pela diferença da língua utilizada, mas por sua flexibilidade estrutural.

Experiência da autora

Dos madrigais mais cantados nos encontros de corais brasileiros que tenho participado, posso afirmar que *El Grillo*, de Josquin Desprez, pode ser considerado *top* 5 da Renascença. Se fosse nos dias de hoje, estaria entre os *top* artistas renascentistas da Billboard.

A **chanson** segue a mesma lógica do madrigal, porém é cantada em francês. O termo *villancico* também é encontrado para o mesmo gênero, porém na Espanha. Uma sugestão é a obra *Mon triste coeur*, do compositor francês François Regnard.

Para trabalhar com esses gêneros, além do desafio da polifonia, nossos coros também irão se deparar com uma língua completamente diferente do português. Uma sugestão para fazer esse repertório acontecer nos coros amadores é isolar a dificuldade do texto, como demonstraremos mais adiante neste livro.

Além de técnicas de ensaio, também é necessário que os coralistas se habituem a ouvir músicas desse período. Uma apreciação musical bem direcionada pode ajudar muito para que a polifonia renascentista seja incluída no repertório do grupo.

Para encerrar o assunto da Renascença italiana, é necessário abordar ainda um compositor muito importante: Claudio Monteverdi (1567-1643). Nascido em Cremona, na Itália, foi responsável pela transição da Renascença para o Barroco. Como todo compositor de transição entre eras, seus primeiros madrigais seguem o estilo renascentista, e os últimos já apresentam características barrocas bastante acentuadas.

Quando Monteverdi compôs a ópera *L'Orfeu*, de 1607, já era um compositor renomado por conta dos madrigais, mas conseguiu unir vários elementos musicais de forma harmoniosa: a composição tem grande parte da estrutura e dos recursos da ópera que ganhariam espaço nos séculos XVIII e XIX. São eles: os coros, as árias, os motivos, a canção estrófica e o recitativo. Tratava-se de um estilo completamente inovador para a época.

Para introduzir um pouco de sua obra com corais amadores, existem algumas opções interessantes, com duas, três e quatro vozes. Há várias composições para seis ou mais vozes. Confira a seguir.

1. *Lauda, Sion, Salvatorem*, composta em 1582 por Monteverdi — para três vozes. A canção é curta.
2. *Qual si può dir maggiore*, publicada em 1584 – para três vozes. É uma canção estrófica curta. As partituras podem ser acessadas pelo QR Code a seguir.

Figura 1.2 – QR Code: Partituras de Claudio Monteverdi

Dicas de uso de tecnologias no canto coral para aprender sobre a Renascença italiana

1. Crie *playlists* com composições do período. Compartilhe com seus cantores.

2. Peça que os próprios cantores pesquisem obras que gostem e contribuam para a criação de uma *playlist* colaborativa.
3. Com o Google Formulários, por exemplo, crie trilhas de apreciação musical. Os cantores podem ler textos, ver vídeos e ouvir áudios, responder a perguntas e até mesmo enviar áudios cantando, tudo com a mesma ferramenta.
4. Explore recursos do *Arts and Culture*, plataforma do Google que traz planos de aulas, passeios virtuais em museus, entre outros. Do período renascentista, acesse as informações dessa plataforma sobre Leonardo da Vinci pelo QR Code a seguir.

Figura 1.3 – QR Code: Leonardo Da Vinci

1.2 Barroco: a valorização da imperfeição

A era barroca surgiu como uma contraposição ao período renascentista. A sociedade iniciou um processo de questionamento sobre tudo ser tão perfeito — e, então, imperfeições, assimetrias e irregularidades passaram a ser valorizadas na arquitetura, na pintura e também na música. Essa mudança é perceptível na sonoridade e na escrita musical. Salientamos que é importante observar isso ao oferecermos partituras para cantores que não têm formação musical.

Observe o trecho a seguir de uma música de William Byrd (1543-1623).

Partitura 1.1 – Trecho musical de *Adoramus te Christe*, de William Byrd

Fonte: Byrd, 2008, p. 1.

A escrita e a textura da Partitura 1.1 são completamente diferentes da obra de George Frideric Haendel (1685-1759), que é do período subsequente ao de Byrd. No exemplo a seguir, a entrada do coro mostra uma textura vocal bastante diferente da utilizada no período renascentista. Também há a presença de uma orquestra com linhas independentes (trata-se de uma redução para piano).

Partitura 1.2 – Trecho musical de *Hail, Judea, Happy Land*, de Haendel

Fonte: Haendel, 2015, p. 3.

Embora tenham surgido algumas iniciativas de formação de grupos instrumentais no final da Renascença, foi no Barroco que as orquestras se consolidaram e vários compositores começaram a escrever para essa nova formação, criando gêneros musicais, como tocatas, suítes e fugas. Sobre os instrumentos do período, destacamos o cravo de cordas pinçadas, que era o principal instrumento de vários compositores.

Entre os principais compositores, temos Johann Sebastian Bach (Alemanha), Antonio Vivaldi (Itália), Georg Friedrich Händel (Alemanha, mas naturalizado inglês – G. F. Haendel), Henry Purcell (Inglaterra), Jean-Philippe Rameau (França), entre outros. Entre as mulheres, figuram Barbara Strozzi, Francesca Caccini, Elisabeth Jacquet de La Guerre, Anna Amalia von Prussia, Chiara Margarita Cozzolani e Isabella Leonarda.

Isabella Leonarda (1620-1704) foi uma compositora italiana nascida em 1620. Dela, fica a sugestão de um cânone para três vozes, *Canon Coronato à 3*, simples para coros amadores. A canção contém três estrofes e pode ser acessada pelo QR Code a seguir, que também apresenta mais informações sobre a compositora.

Figura 1.4 – QR Code: Isabella Leonarda

Nesse período, surgiram vários gêneros importantes para a música vocal, especificamente para a música coral. Foi no século XVII que apareceu a cantata, originária da palavra italiana *cantare*. Bach é considerado o pai das cantatas, pois chegou a compor em torno de 300 delas.

A **ópera** nasceu como um teatro musicado. Evoluiu no período barroco, estabilizando-se como uma obra de caráter dramático, com cenários, figurinos, temas sobre mitos e heróis, fazendo com que vários teatros exclusivos para óperas fossem construídos. Ao final do século XVII, a cidade de Veneza contava com nada menos que 17 casas de ópera (Riding; Dunton-Downer, 2010).

Já a **cantata** foi o gênero mais popular de música de câmara vocal do período barroco. Uma das canções mais tocadas pelos músicos nos casamentos brasileiros, *Jesus, Alegria dos Homens*, faz parte da *Cantata 147*, de Bach. Assim como na ópera barroca, a cantata também tem solistas, coro e trechos exclusivamente instrumentais. Seus textos complexos eram baseados em passagens bíblicas ou temas populares, porém não havia cenário e balé. Para se aprofundar mais no assunto, acesse o QR Code a seguir.

Figura 1.5 – QR Code: Cantata

No Barroco, o **oratório** também ganhou força juntamente com a ópera. Ambos os gêneros trazem a participação de coros em sua estrutura básica. Podemos dizer que o oratório é uma espécie de ópera, mas, como é feito para a Igreja, alguns pontos tiveram de ser modificados – por exemplo, não há as cenas e os figurinos característicos das óperas.

Todavia, atualmente vários oratórios são encenados, como a extraordinária montagem de *O Messias* (2009), de Arnold Schoenberg Choir e Mateus Ensemble, sob a direção de Claus Guth, Konrad Kuhn e Christian Schmidt. Nessa interpretação, além do cenário impecável, o coro canta de cor o oratório completo para se adequar à proposta dramatúrgica dessa nova roupagem de uma obra consagrada. Também ousamos afirmar que, na Billboard do Barroco, *Hallelujah*, de Haendel, está nos *top* 5! Confira a seguir montagem encenada de *O Messias*.

Figura 1.6 – QR Code: *O Messias*, de Haendel – montagem de 2009

Você deve estar se perguntando: Qual a diferença entre um oratório e uma cantata, certo? As cantatas são mais curtas que os oratórios. Além disso, os oratórios, salvo raríssimas exceções, têm textos exclusivamente sacros. Temos um bom exemplo disso no *Oratório de Natal* (*Weihnachtsoratorium*) *BWV 248*, de Bach, que, na verdade, é um compilado de três cantatas do próprio compositor.

Falando em Bach, seus corais são bastante conhecidos no meio do canto coral. Algumas obras foram popularizadas mundo afora, como *Jesus, bleibet meine Freude* (*Jesus, Alegria dos Homens*).

 Experiência da autora

Vou compartilhar um exercício que criei para um dos meus corais quando decidi fazer algumas partes do *Magnificat BWV243*, de J. S. Bach, com um coro amador. A parte final, com o *Gloria Patri*, retoma o tema principal e tem um trecho com uma coloratura gigantesca para os baixos, com um contraponto das vozes superiores que, para um cantor sem treino, pode não fazer sentido algum. Até o momento final da música, a letra trata de dar suporte para as notas, que são executadas muito rapidamente, como podemos notar no trecho a seguir.

O coral acaba se apoiando na letra e consegue cantar sem maiores dificuldades esse trecho; porém, na parte final, todas as coloraturas devem ser feitas somente com a mesma vogal: OH (ó), da palavra *seculorum*, como podemos ver na Partitura 1.3. Perceba a linha do baixo, especificamente.

Partitura 1.3 – Trecho musical do *Magnificat BWV243*, de Bach

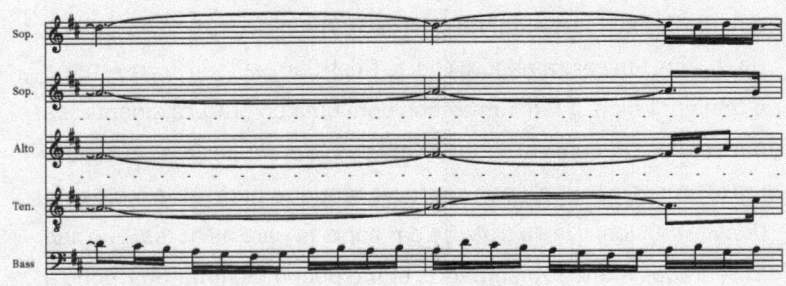

Isso é extremamente complicado de realizar para um cantor sem formação musical, tanto tecnicamente quanto no que se refere à percepção rítmica necessária para esse trecho, mesmo que sejam cantores leigos com experiência coral mais avançada.

Por essas e outras dificuldades é que acabamos por não escolher várias peças do período barroco para os nossos coros. No entanto, para compartilhar experiências, esse mesmo trecho pode ser trabalhado partindo de outra perspectiva, a exemplo de algo que já fiz com meus coralistas. Eu criei uma letra alternativa para esse trecho final do *Magnificat*, que pode ser conferida nas partituras expostas após a explicação a seguir.

- **Soprano 1**: Prefiro chá pra esquentar, chocolate só vai estragar a minha voz.
- **Soprano 2**: Um chocolate quentinho! Mas eu vou tomar chá!
- **Contralto**: Café! Eu não vou tomar, prefiro estar provando um chá de erva-cidreira.
- **Tenor**: Não vou tomar café então, prefiro um chá de erva-cidreira.
- **Baixo**: Quero chocolate quente para tomar porque café já não vai mais me esquentar, mas se isso não for funcionar, eu só vou tomar chá!

Pode não parecer, mas para coros amadores com um pouco mais de experiência, a maior dificuldade desse exemplo não é realizar a coloratura, que exige maior agilidade vocal, mas entender e encaixar a parte rítmica da linha sem ter uma letra na qual se apoiar.

Com essa compreensão, comecei a criar letras que serviriam de suporte para que esse ritmo se fixasse. Após uma intensa e prolongada execução do trecho com a letra sugerida, o coro pode começar a realizar a transição da letra para o *Óh* de *seculorum*.

Como a estrutura rítmica dada pela letra sugerida terá sido fixada, ao tirar esse suporte, o cantor ainda consegue imaginar a letra e encaixar as notas nos locais certos.

Faça a experiência! Coloque essa música no seu celular e tente cantar as linhas sem nenhuma letra. Em seguida, aprenda as letras e encaixe na música. A gente ouve internamente a letra mesmo sem cantá-la! Esse é o princípio para os cantores com pouca prática de leitura musical: a letra costuma ser o esqueleto do som dos coros.

No exemplo dado com a letra alternativa, é interessante resolver texto e ritmo para tão somente colocar a melodia. A velocidade também deve partir do lento e progressivamente migrar para o andamento proposto por Bach.

No ensaio, o coro começa a música com a letra em latim e, ao final, no trecho com coloratura, usa a letra alternativa para fixar os ritmos de cada naipe. A substituição da letra para a vogal deve ser feita após regente e coro sentirem que cada naipe está confiante ao cantar sua linha.

Claro que, na dinâmica de ensaio coral, o treino para que os encaixes dessas linhas possam ser executados pode ser feito entre as vozes masculinas, entre as vozes femininas, entre as vozes internas, entre as vozes externas, e assim por diante. Os naipes desenvolvem confiança de onde é a sua entrada e como a sua voz se encaixa com as demais. Quando isso estiver configurado, o grupo estará pronto para retirar a letra auxiliar.

Partitura 1.4 – Adaptação para ensaio do trecho final de *Gloria Patri*

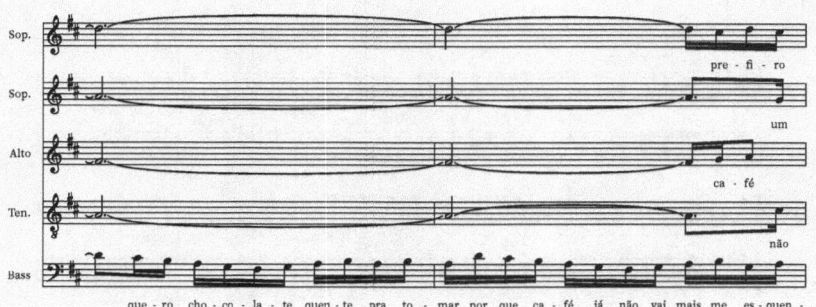

Partitura 1.5 – Segunda adaptação para ensaio do trecho final de *Gloria Patri*

Esses últimos dois compassos podem servir para que o grupo comece a substituição pelo *Óh*; aos poucos, quando a estrutura estiver firme, é possível substituir tudo. Acesse a partitura do trecho mencionado pelo QR Code a seguir.

Figura 1.7 – QR Code: Partitura de trecho adaptado, com áudio das vozes

Dicas de uso de tecnologias no canto coral para aprender sobre o Barroco

No quesito tecnologia, apresentaremos um recurso no mínimo interessante que traz Bach como inspiração principal. Trata-se de um experimento do Google que utiliza *machine learning* ("aprendizado de máquina", em tradução livre) para criar harmonias ao estilo de Bach sobre uma melodia dada pelo usuário. O nome do experimento é *Assisted Melody* e pode ser acessado pelo QR Code a seguir.

Figura 1.8 – QR Code: Experimento com inteligência artificial — *Assisted Melody*

A ferramenta é bastante intuitiva e pode ser usada por qualquer pessoa, independentemente de formação musical prévia. Ao acessar a plataforma, você clica nas linhas para que as notas sejam escritas. Quanto mais espaçadas, maior a duração entre elas e, quanto mais próximas, mais rápido serão tocadas. Ao clicar no boneco do Bach, a inteligência artificial irá analisar as notas e harmonizar.

Analise a melodia a seguir e, na sequência, veja qual foi a harmonização criada pela inteligência artificial.

Figura 1.9 – Exemplo de linha melódica no *Assisted Melody*

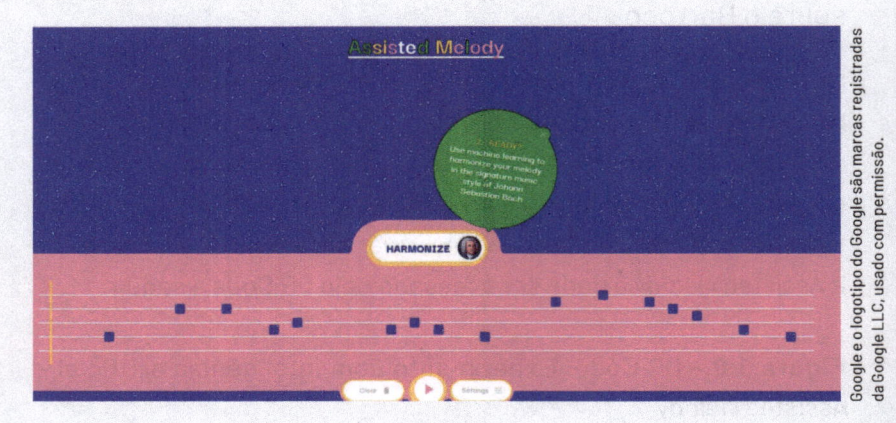

Na figura a seguir, notamos que as notas coloridas foram inseridas pela máquina.

Figura 1.10 – Outro exemplo de linha melódica feita pela inteligência artificial

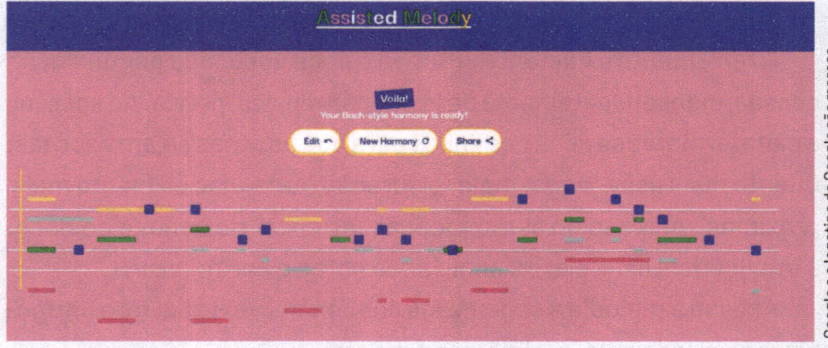

Por que isso seria interessante com um coral? Bem, a tecnologia já faz parte do nosso cotidiano há algum tempo, então, dar a oportunidade para que as pessoas explorem as sonoridades musicais usando recursos virtuais disponíveis é sempre enriquecedor.

Além disso, se houver estrutura durante o ensaio, é possível criar na hora uma harmonização que parta de três notas simples. O coro pode cantar essas três notas seguindo a harmonização proposta pela máquina.

No exemplo a seguir, temos as notas: **Dó – Mi – Sol – Sol – Mi – Dó** (destacadas em azul na imagem). A harmonização foi feita em cima dessas notas. O coro pode cantar a base (em azul) enquanto o computador executa o restante.

Figura 1.11 – Exemplo de aplicação da inteligência artificial no canto coral

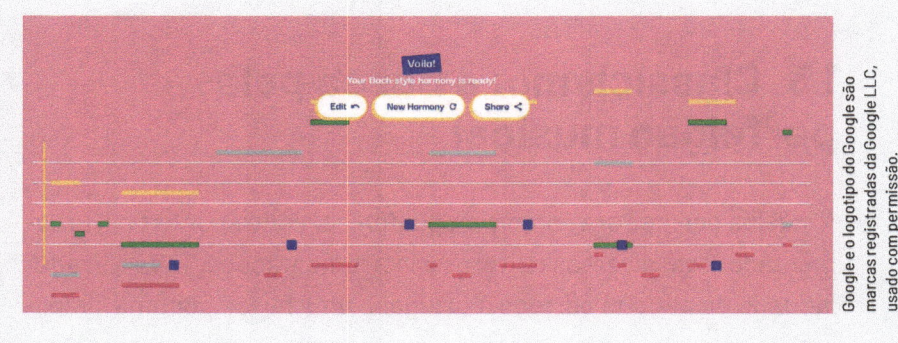

Google e o logotipo do Google são marcas registradas da Google LLC, usado com permissão.

Vale ressaltar que outra harmonia pode ser feita apenas clicando no botão *New Harmony* (*Nova Harmonia*), como no exemplo da Figura 1.12, em que utilizamos as mesmas três notas da harmonização anterior. Note a diferença entre ambas as propostas da inteligência artificial!

Figura 1.12 – Exemplo de rearmonização pela inteligência artificial

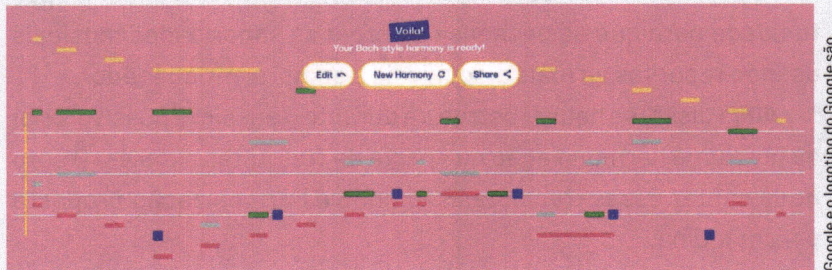

Google e o logotipo do Google são marcas registradas da Google LLC, usado com permissão.

Por fim, trata-se de mais um recurso disponível para aproximarmos a música dos nossos coralistas e também para aumentar sua instrução na área musical, tendo em vista que, a cada harmonização, a inteligência artificial apresenta um dado novo e interessante sobre a vida de Bach.

1.3 Classicismo: a busca pela perfeição musical

A música barroca era complexa: polifônica, contrapontística, ornamentada, com diversas texturas e instrumentações. Toda a irregularidade do período barroco deu lugar a uma busca por uma simplicidade que primava por melodias acompanhadas por progressões harmônicas. Em contrapartida, foi nesse momento histórico que as orquestras começaram a aumentar, dando origem a novas formas também por conta da invenção do piano.

Essas mudanças estéticas foram influenciadas pelo Iluminismo, um movimento filosófico, social, intelectual e cultural que tinha como principais fundamentos a razão, a defesa da liberdade, o afastamento entre Igreja e Estado, a luta por governos constitucionais, entre outros ideais. O período foi marcado por acontecimentos políticos importantes, como a conquista da Europa por Napoleão Bonaparte e a Revolução Francesa (1789-1799), com seus ideais de liberdade, igualdade e fraternidade.

O Classicismo é marcado pela elegância e pelo equilíbrio entre todos os elementos musicais. A textura predominante é a homofônica (melodia acompanhada), mas contrapontos ainda aparecem eventualmente, não da mesma maneira como no período barroco. O caráter musical também é bastante explorado, e compositores se utilizam das possibilidades de contraste.

Entre os principais compositores do período, encontramos nomes consagrados, como Wolfgang Amadeus Mozart (Áustria), Ludwig Van Beethoven (Alemanha), Franz Joseph Haynd (Áustria), Carl Philipp Emanuel Bach (Alemanha) – filho de Johann Sebastian Bach, foi um dos compositores de transição entre o Barroco e o Classicismo – e Christoph Willibald Gluck (Alemanha). Entre as compositoras do período, destacamos Marianna Martines (Áustria), Ana Bonn (Itália), Marianna von Auenbrugger (Áustria), Cecilia Maria Barthélemon (Inglaterra) e Maria Hester Park (Reino Unido).

A produção das mulheres compositoras do período clássico foi muito significativa para a música instrumental. Temos algumas composições corais de Maria Hester Park (1760-1813), as quais podem ser acessadas pelo QR Code a seguir.

Figura 1.13 – QR Code: Composições de Maria Hester Park

Datam desse período algumas inovações na área musical, como a invenção do pianoforte por Bartolomeo Cristofori, em 1709 (ainda no período barroco, mas o novo instrumento ganhou espaço no Classicismo). Essa invenção mudou completamente a história da música e, como consequência, o piano se tornou o instrumento de teclas predominante, fazendo com que o cravo caísse em desuso.

Dos gêneros mais importantes do período, podemos destacar dois especificamente: a sonata e a sinfonia. A sonata veio em oposição à cantata; esta era para se cantar e aquela, para soar, composta para instrumentos solistas.

A **sonata** também é uma forma musical, chamada de *forma-sonata*, com estrutura em três movimentos que explora os temas musicais do seguinte modo: exposição, desenvolvimento e recapitulação (reexposição). A forma-sonata foi predominante durante o Classicismo, mas também se manteve presente até o início do século XIX, sendo extensivamente utilizada por dezenas de compositores.

Já a **sinfonia**, outro gênero importante do período, também é uma forma-sonata, só que é escrita para orquestra e apresenta quatro movimentos. O desenvolvimento das sinfonias durante o período clássico foi impressionante – inclusive, é desse período a escrita da primeira sinfonia com participação de um coro: a Nona Sinfonia de Beethoven.

Se, no período barroco, a música instrumental passou a ter a mesma importância que a música vocal, foi no período clássico que, pela primeira vez na história, a música instrumental superou a popularidade da música vocal.

Por conta do aumento de instrumentos da orquestra, data desse período o nascimento da figura do **maestro**. Antes do Classicismo, existiam cantores líderes ou marcadores de pulso. Da mesma forma, o baixo contínuo começou a cair em desuso.

Com o advento do piano, que permitia nuances refinadas de intensidade, coisa que o cravo não possibilitava, a exploração da dinâmica musical passou a ser explorada pelos compositores. O desenvolvimento da orquestra trouxe, nesse momento, as primeiras reflexões e experiências sobre a cor dos instrumentos e o surgimento do conceito de *orquestração*.

No canto coral, ainda que de forma tímida se comparada com os períodos anteriores, obras de grande porte foram escritas, a exemplo da produção de Mozart (1756-1791), que escreveu 59 sinfonias, 119 peças instrumentais, 23 óperas e, entre outras composições, dedicou 95 obras para o canto coral. Entre suas obras corais, podemos destacar o *Réquiem em Ré Menor*, última obra de Mozart, inacabada, e que carrega até hoje um enorme interesse de pesquisadores sobre quais partes foram realmente escritas pelo compositor e quais foram terminadas por Franz Xaver Süßmayr (1766-1803).

Lacrimosa é uma das partes mais conhecidas do *Réquiem* e está sempre presente em trilhas sonoras de filmes e séries. É possível fazer com um coro amador, não muito iniciante; precisa de um considerável treino vocal, principalmente quanto à sustentação do tônus e à afinação, já que a obra é lenta e tem muitos momentos de tensão.

Mozart escreveu diversas missas e outros trabalhos vocais. *Ave Verum Corpus* é bastante executada por nossos coros, acredito que pelo nível de dificuldade não ser tão elevado, além da beleza da música em si.

Partitura 1.6 – Trecho musical de *Ave Verum Corpus*, de Mozart

Fonte: Mozart, 2002, p. 1.

Franz Joseph Haydn (1732-1809) também deixou um legado importante para o canto coral, com 88 obras para coro. *A Criação* divide-se em três partes e foi baseada no livro de Gênesis. O final da obra é conduzido por uma fuga cantada pelo coro.

A produção de Beethoven (1770-1827) foi menor se comparada à de seus contemporâneos Haydn e Mozart: foram nove sinfonias, uma ópera e 77 obras para coro, entre outras, mas sua importância provavelmente não é comparável. É possível acompanhar a mudança de estilo quando comparamos as primeiras obras de sua carreira às últimas. Ele foi o pai do Romantismo.

Além de sua obra mais famosa para coro, a *Nona sinfonia*, Beethoven também escreveu uma fantasia coral (piano e coro). Na verdade, a fantasia foi escrita bem antes, quase como um esboço, resguardadas as devidas proporções do que viria a se tornar sua nona sinfonia.

Ewig dein é um cânone simples escrito por Beethoven que pode ser trabalhado com coros iniciantes, pois até o alemão é mais fácil: são somente essas duas palavras (*ewig dein*; em português, *sempre seu*), facilmente adaptável para os grupos corais.

Outra obra acessível de Beethoven para os coros amadores é *Hymne na die Nacht (He'l'ge Nacht)*. Originalmente escrita para quatro vozes masculinas, pode ser adaptada para coro misto. Acesse as partituras pelo QR Code a seguir.

Figura 1.14 – QR Code: *Ewig dein e Hymne an die Nacht*

O período clássico trouxe muitas inovações para a música e, na área do canto coral, obras importantes e igualmente revolucionárias foram escritas, deixando um grande legado para a música.

Dicas de uso de tecnologias no canto coral para aprender sobre o Classicismo

Experimente tocar um dueto com uma inteligência artificial que cria uma resposta para qualquer nota tocada em um piano virtual.

Figura 1.15 – QR Code: Dueto de inteligência artificial — *A.I. Duet*

Explore a história do piano no meu *site*, *Legado Musical*, e também no *site* do Museu Metropolitano de Arte de Nova Iorque.

Figura 1.16 – QR Code: História do piano

Que tal reger uma orquestra clássica tocando Mozart? Veja o recurso do *Semiconductor*.

Figura 1.17 – QR Code: Semiconductor

1.4 Romantismo: originalidade e emoção

Entre 1810 e 1920, surgiu o Romantismo, que caminhou de mãos dadas com o passado e o futuro, abandonando os ideais do período clássico, de modo a resgatar as grandes obras do período barroco, permitindo a criação de formas mais ousadas e livres, segundo o ideal revolucionário que inspirou essa geração.

Obras importantes da literatura coral foram compostas durante o período romântico. Felix Mendelssohn (1809-1847), que era luterano e foi o responsável por resgatar a *Paixão segundo São Mateus de Bach*, compôs oratórios grandiosos, entre os quais os mais conhecidos são *Saint Paul* e *Elijah*, além de uma cantata profana chamada *Walpurgisnacht* e uma espécie de sinfonia-cantata denominada *Lobgesang* ("canto de louvor").

Há uma listagem imponente de compositores desse período: Franz Schubert (Alemanha), Hector Berlioz (França), Felix Mendelssohn (Alemanha), Frédéric Chopin (Polônia), Robert Schumann (Alemanha), Franz Liszt (Hungria), Anton Bruckner (Áustria), Johannes Brahms

(Alemanha), Piotr Tchaikovsky (Rússia), Gustav Mahler (República Tcheca), Richard Strauss (Alemanha), entre outros.

Entre as mulheres compositoras, temos Clara Schumann e Fanny Hensel, que deixaram legados importantes no período. Clara Schumann (1819-1896) se destacou na composição para piano e era exímia pianista, mas compôs também para coro. *Abendfeier in Venedig* é uma Ave-Maria para coro *a cappella* de fácil execução. Mais informações sobre a compositora e a partitura dessa obra podem ser acessadas pelo QR Code a seguir.

Figura 1.18 – QR Code: Clara Schumann

Fanny Hensel (1805-1847) compôs algumas obras para coro, entre elas *Abendlich schon rauscht der Wald*, uma canção alemã composta para coro misto *a cappella* ideal para coros iniciantes se aventurarem na música romântica.

Figura 1.19 – QR Code: Fanny Hensel

Foi também no período romântico que houve uma explosão de compositores voltados para a ópera, inclusive com árias populares até hoje em dia: Gioachino Rossini, Gaetano Donizetti, Giuseppi Verdi, Giacomo Puccini e Vincenzo Bellini. Nesse período, a ópera saiu dos domínios italianos e ganhou a Europa. Compositores como Richard Wagner, Georges Bizet, Franz Lehár, Richard Strauss, Giacomo Meyerbeer, Charles Gonoud e Jules Massenet também escreveram óperas memoráveis.

Todos esses nomes são figuras carimbadas para estudantes de canto lírico. Recomendamos igualmente que regentes corais estudem canto lírico por um tempo, pois trata-se de outro universo dentro da literatura musical. Os coros de ópera são incríveis, e não costumamos passar por esse repertório na nossa formação coral nas graduações ou em *workshops*, salvo raríssimas exceções.

No período romântico, ainda temos movimentos nacionalistas, com compositores como Antonín Dvorák, Franz Liszt e Frédéric Chopin. Franz Liszt (1811-1886) escreveu as famosas *Rapsódias Húngaras* e Frédéric Chopin (1810-1849), as *Polonaises*. Esse sentimento patriótico foi fomentado pelos ideais iluministas, e a própria Revolução Francesa espalhou a esperança de ideias de liberdade por toda a Europa. Esse movimento nacionalista buscou incorporar elementos de danças, ritmos, harmonias, canções e lendas dos países de origem de seus compositores.

Vale ressaltar também que foi no período romântico que houve um interesse e um resgate pelas obras do período barroco, que estavam esquecidas, longe das salas de concertos. Como mencionamos, Felix Mendelssohn resgatou a *Paixão segundo São Mateus*, de Bach, realizando sua *performance* em 1829. Mendelssohn teve uma grande importância para a música coral do Romantismo, não somente pelo resgate da prática da música barroca, mas igualmente por ter escrito diversas obras (89 corais) do gênero, várias delas *a cappella*.

Como indicação de uma obra acessível de ser feita por coros iniciantes, temos *Neujahrslied Op. 88, No. 1*. Confira a partitura e as informações sobre o compositor no QR Code a seguir.

Figura 1.20 – QR Code: *Neujahrslied Op. 88, No. 1*, de Felix Mendelssohn

No Romantismo, tanto coros quanto orquestras tiveram um aumento significativo no que se refere à quantidade e à massa sonora. Novos instrumentos foram inseridos no corpo orquestral, como sino, marimba, celesta, harpa e triângulo. As músicas desse período trouxeram uma gama de possibilidades interpretativas, principalmente com relação ao trabalho sobre a cor ou o timbre das vozes.

1.5 A música coral nos séculos XX e XXI: a Era Moderna e a música contemporânea

Como demonstramos até agora, cada período apresenta transformações consideráveis quando comparado ao período antecessor. O século XX, porém, certamente é, para a música, o mais revolucionário, com maior diversidade de possibilidades, incluindo o uso de novas tecnologias.

A Revolução Industrial trouxe uma das inovações mais importantes para o mercado musical: a invenção do gramofone. Se antes a música era sempre executada ao vivo nas salas de concertos, com o gramofone – criado em 1887 pelo inventor Emil Berliner –, a distribuição e a difusão da música passaram a ser completamente diferentes.

Na história da música, cada período trazia um estilo próprio, com formas, texturas e regras claras sobre as práticas musicais. Contudo, o modernismo tem tantas vertentes que fica difícil definir as características desse período.

Em termos históricos, ocorreram duas guerras mundiais, ditaduras, conflitos, desmoronamento de impérios, e tudo isso acabou se refletindo na música. Foi uma época de profunda transformação social e política em todo o mundo. Foram vários os movimentos artísticos que surgiram no século passado: impressionismo, expressionismo, neoclassicismo, dodecafonismo, atonalismo, música eletroacústica etc.

O impressionismo surgiu no final do século XIX e início do século XX, encabeçado pelo compositor Claude Debussy (1862-1918), ao lado de Maurice Ravel (1875-1937). Esse período marcou o início da música do século XX e trouxe quebras de paradigmas jamais vistas na história da música. Debussy e Ravel buscaram outras escalas, outros acordes, de modo a explorar novas possibilidades sonoras, acabando por influenciar toda uma geração de compositores.

A escala de tons inteiros, também chamada de *escala hexatônica*, é atribuída a Debussy e tem como característica apenas seis notas sem intervalos de semitom, em vez de sete notas, como as escalas tradicionais.

Figura 1.21 – Escala hexatônica

Foi no século XX também que acordes suspensos começaram a ser explorados de forma explícita, e as tensões, como 9ª, 11ª e 13ª, foram incluídas nos acordes tradicionais. Em síntese, surgiu uma sonoridade completamente diferente do período anterior. Dessa forma, deixaram de existir formas fixas, e o uso dos instrumentos também passou a não respeitar mais as regras de orquestração ou leis do sistema tonal.

O impressionismo abriu as portas para os movimentos subsequentes do século, os quais colocaram em xeque todo o conceito de tonalidade, que havia sustentado a prática musical desde a virada do século XVII para o XVIII.

Arnold Schönberg, Alban Berg e Anton Webern fizeram parte da segunda Escola de Viena, que, ao contrário da primeira – cujos compositores eram Mozart, Haydn e Beethoven –, prezava para que todas as notas tivessem a mesma importância, diferentemente do sistema tonal no qual tudo girava em torno da tonalidade principal. Esse é o princípio do atonalismo.

Com relação à escrita e à execução da música vocal desse período, Fernandes e Kayama (2011, p. 96) afirmam que:

> Ocasionalmente, uma obra pode conter um único item, mas, muitas obras estão repletas de elementos vocais não tradicionais dos quais os principais são:
>
> a. Os movimentos melódicos complexos: linhas vocais que contêm grandes saltos melódicos; mudanças repentinas de direção melódica (tanto para o agudo quanto para o grave); movimento melódico gradualmente lento; e combinação de alturas específicas com alturas indeterminadas;
> b. As declamações experimentais: textos projetados através da recitação; *Sprechstimme*; recitativo declamatório em estilo falado; mudanças repentinas de linhas tradicionais para efeitos experimentais; utilização de fonemas do IPA e sílabas repetidas;
> c. Os efeitos vocais: sons imitativos ou improvisados que inclui [sic] gargalhadas, alturas indeterminadas, falsete em alturas indeterminadas; *morphing* vocálico que consiste na mudança gradual de uma vogal original para uma outra vogal indicada enquanto se move através de várias alturas; *muting* vocal que consiste na abertura ou fechamento gradual da vogal para se formar uma vogal particular; trilos de garganta; zumbidos com os lábios; *glissandos* exagerados; inspirações e expirações exageradas entre outros.

O interessante é que trabalhar com músicas corais desse período pode parecer, em um primeiro momento, mais difícil, embora possa se revelar algo bastante factível e, até mesmo, surpreendente. Talvez pelo fato de a partitura não ser tão convencional e a música oferecer elementos de fala, ruídos e sons totalmente alternativos, a construção da *performance* se torna um grande laboratório para o coro leigo.

É muito comum que partituras desse período venham acompanhadas de uma "bula", com explicações de como ler os símbolos anotados, assim como a notação musical, que, muitas vezes, não segue uma lógica tradicional.

Explicação da partitura da composição *Motivo: Eu canto porque o instante existe – para coro misto*, de Rael Bertarelli Gimenes Toffolo

A peça deve ser cantada com voz branca e de forma "cotidiana", sem grandes impulsos "líricos", buscando sempre a delicadeza, como se fosse "cantarolada" despretensiosamente.

As durações são relativas e as figuras não representam tempos proporcionais como no sistema tradicional de escrita. Deve-se obedecer ao ritmo prosódico do texto. Em nenhum momento, deve-se deixar influenciar por qualquer tipo de quadratura que, porventura, possa querer se sobrepor ao ritmo prosódico natural do texto.

As figuras de tempo vão da nota preta sem haste, que equivale à menor duração, até a semibreve, passando pela semínima e mínima, porém as proporções entre as notas não estão na relação de dois para um como na notação tradicional. Apenas indicam uma gradação que vai da duração mais curta a mais longa e que devem se acomodar ao ritmo do texto. As semínimas equivalem, portanto, a uma sílaba um pouco mais longa que a duração da nota preta sem haste e a mínima equivale a uma duração um pouco maior do que a da semínima. A mesma figura de tempo poderá ter valores diferentes a cada vez que aparecer, devendo se acomodar à prosódia do texto, em cada aparição. As semibreves aparecerão ora como fim de frases, ora como notas de sustentação.

As vírgulas de respiração são utilizadas para demarcar respirações entre frases ao mesmo tempo em que indicam que a nota anterior deve ser sustentada até a vírgula.

O trecho Medido, ao final da peça, deve soar fluido, nunca marcado.

A sessão inicial da peça é construída a partir de uma adaptação livre da melodia e texto do canto gregoriano *Cantate Dominus* (Salmo 140) e o que se segue foi composto a partir do poema *Motivo* de Cecília Meireles, primeiro poema do livro *Viagem* de 1939.

Fonte: Toffolo, 2016, p. 2

Outros exemplos, na mesma música, são a presença de cochichos feitos pelos próprios coralistas e, até mesmo, uma indicação de como o coro deve entrar no palco.

Figura 1.22 – Explicação da partitura da composição *Motivo*...

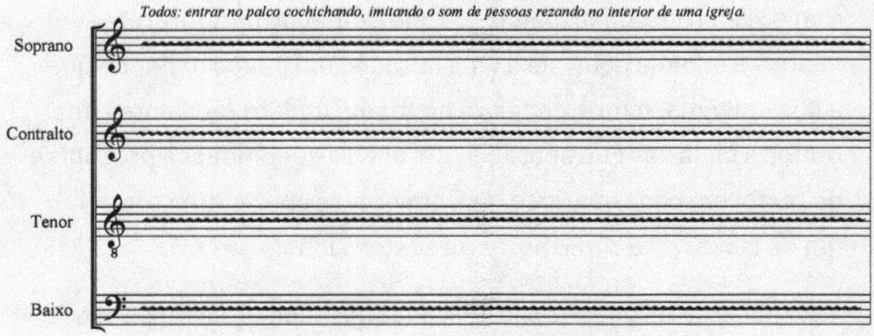

Todos: entrar no palco cochichando, imitando o som de pessoas rezando no interior de uma igreja.

Soprano
Contralto
Tenor
Baixo

Fonte: Toffolo, 2016, p. 3.

Uma das vertentes importantes da música de vanguarda desse período foi o movimento nacionalista, ainda que um pouco tardio no Brasil. O movimento se destacou com compositores como Heitor Villa-Lobos (Brasil), Alberto Ginastera (Argentina), Bela Bartok (Hungria), Manuel de Falla (Espanha) e George Gershwin (Estados Unidos). Muitos compositores incluíram elementos folclóricos de suas culturas em suas composições.

A título de exemplo, seguem algumas obras do século XX escritas para canto coral, com seus respectivos compositores e um QR Code de acesso para que você possa assistir aos vídeos.

Obras internacionais

- Claude Debussy: *Trois chansons*
- Igor Stravinsky: *Sinfonia dos Salmos*
- Francis Poulenc: *Gloria*
- Carl Orff: *Carmina Burana*

- Benjamin Britten: *War Requiem*
- Vaughan Williams: *Dona nobis pacem*
- Arnold Schönberg: *Friede auf Erde*

Obras nacionais

- Henrique de Curitiba: *Chega de aumentos*
- Gilberto Mendes: *Beba Coca-Cola*

Figura 1.23 – QR Code: Música coral do século XX

No rol de compositoras mulheres, destacamos Undine Smith Moore (1904-1989) – compositora afro-americana, que foi professora da Virginia State University e também ganhadora de diversos prêmios. Para canto coral, compôs *Scenes from the Life of a Martyr* (1981) – *Cenas da vida de um mártir*, em português. Trata-se de um oratório de 16 partes escrito em memória de Martin Luther King Jr. A obra conta com trechos bíblicos e de poesias. Foi escrita para coro misto, com solos de soprano, mezzo-soprano, tenor, um narrador e orquestra.

Figura 1.24 – QR Code: Undine Smith Moore

Vale também ressaltar o trabalho da cantora e violonista estadunidense Caroline Shaw (1982-), que ganhou o prêmio Pulitzer de Música em 2013 e o Grammy Music Awards em 2014, junto com seu grupo Roomful of Teeth, como melhor *performance* de música de câmara. Para conhecer seu trabalho, acesse o QR Code a seguir.

Figura 1.25 – QR Code: Caroline Shaw

Nesta seção, ao contrário das demais, não foi possível compartilhar partituras por conta da lei de direitos autorais. A maior parte dos compositores citados não completou 70 anos de morte para terem suas partituras distribuídas livremente, como acontece com a Choral Public Domain Library (CPDL).

Resumo da ópera

Neste primeiro capítulo, apresentamos alguns períodos da história da música ocidental, suas principais características e seus compositores. Procuramos tratar das obras de todos os períodos cujas características pudessem ser incluídas no repertório de coros amadores, mais iniciantes.

Destacamos, também, um repertório de mulheres compositoras, ainda que tenha sido desafiador encontrar essas obras disponíveis e catalogadas. Buscamos elencar quais dessas compositoras escreveram para coro.

Obviamente, são sugestões e, se seu coral for mais avançado, outras obras podem ser analisadas. Deixamos um pedido apenas: incluam mulheres compositoras em seus próximos concertos!

Teste de som

1. Qual é o gênero musical artístico que foi considerado inovador durante a transição entre a Renascença e o Barroco?
   a) Missa.
   b) Moteto.
   c) Ópera.
   d) Gênero polifônico.
   e) Todas as alternativas anteriores estão corretas.

2. Considere as seguintes afirmações sobre o período barroco.
   i) O oratório e a cantata foram gêneros corais desenvolvidos nesse período.
   ii) Os oratórios apresentam maior irregularidade na construção de suas linhas melódicas, principalmente as orquestrais.
   iii) As cantatas foram escritas exclusivamente para coro *a cappella*.

   Agora, assinale a alternativa correta:
   a) Todas as afirmações são verdadeiras.
   b) As afirmações I e II são verdadeiras.
   c) Somente a afirmação II é verdadeira.
   d) As afirmações II e III são verdadeiras.
   e) Somente a afirmação I é verdadeira.

3. Sobre uma das formas mais importantes da música, originada no período clássico, podemos afirmar:
   a) A forma-sonata é um gênero musical específico do período clássico.
   b) A forma-sonata foi criada para ser composta apenas para instrumentos solistas, principalmente o piano.
   c) A estrutura da forma-sonata tem três movimentos: exposição, desenvolvimento e reexposição.
   d) A forma-sonata foi uma evolução da forma da missa.
   e) Sonatas eram escritas para coros, desde que o acompanhamento também fosse escrito para piano, por se tratar de um instrumento muito popular na época.

4. O período romântico foi marcado pelos ideais da Revolução Francesa, que espalharam um sopro de transformação pela Europa no início do século XIX. Sobre as principais características do período romântico na música, é correto afirmar:
   I) Houve um resgate das músicas do período barroco, fazendo com que, pela primeira vez na história da música, passado e presente convivessem nas salas de concerto da Europa.
   II) O movimento fazia contraposição à racionalidade imposta pelo período clássico, buscando maior liberdade nas formas e nas sonoridades das músicas.
   III) As óperas mais famosas atualmente foram compostas no período romântico.

   Agora, assinale a alternativa correta:

   a) Somente a afirmação I é verdadeira.
   b) As afirmações I e II são verdadeiras.
   c) Somente a afirmação II é verdadeira.
   d) As afirmações II e III são verdadeiras.
   e) Todas as afirmações são verdadeiras.

5. Sobre a música coral no século XX, é **incorreto** afirmar:
   a) A execução musical não seguia mais o conceito de nota ou de tonalidade.
   b) Não havia preferências de formas musicais nesse período.
   c) As partituras continham uma "bula" com explicação de como ler e executar as obras corais.
   d) Havia uma complexidade maior nas linhas vocais, com mudanças repentinas na direção da melodia.
   e) Os efeitos vocais existiam, mas eram limitados, para que não prejudicassem a voz do cantor.

Treinando o repertório

Questões para reflexão

1. Com qual período musical você tem mais experiência prática? Em uma folha de papel, escreva todas as obras que já cantou ou tocou e separe-as por período musical. Observe se existe algum período no qual você tem menos experiência e comece a se aproximar mais das obras e compositores dessa época, por meio de vídeos, textos ou *playlists* nas plataformas de *streaming*.

2. Quantas composições feitas por mulheres você já cantou e/ou regeu?

Atividade aplicada: prática

1. Analise a programação artística de um coro profissional (Coro da Osesp, Coro Paulistano, entre outros). Existe algum período da história da música que é mais utilizado por esse corpo artístico em sua programação? Quais outras obras corais foram escritas pelos compositores que fazem parte da programação? Quantas obras de mulheres compositoras foram possíveis de encontrar ao longo da programação?

Capítulo 2

O CANTO CORAL NO BRASIL

Quando estudamos história do Brasil na escola, é comum vermos datas, alguns nomes e alguns momentos históricos. Por exemplo, a gente aprende que o Brasil foi descoberto em 1500 por Pedro Álvares Cabral, seguimos aprendendo sobre o ciclo da cana, do ouro, do café etc. Na formação musical, a abordagem sobre a história da música brasileira acontece em menor escala se comparada com a música de tradição europeia.

Neste capítulo, trataremos da história e da influência dos jesuítas na estruturação da educação brasileira, passando pelo Brasil Colônia e apresentando alguns de seus principais compositores. Acompanharemos as importantes mudanças trazidas pela Coroa em 1808 e, para finalizar, discutiremos a importância de Villa-Lobos e o movimento coral brasileiro.

2.1 Jesuítas no Brasil Colônia

Começaremos a seção com este trecho da Carta de Pero Vaz de Caminha:

> Plantada a cruz, com as armas e a divisa de Vossa Alteza, que primeiro lhe haviam pregado, armaram altar ao pé dela. Ali disse missa o padre frei Henrique, a qual foi cantada e oficiada por esses já ditos. Ali estiveram conosco, a ela, perto de cinquenta ou sessenta deles, assentados todos de joelho assim como nós. (Caminha, 1963, p. 9-10)

O primeiro contato do homem branco com os povos originários no continente americano envolveu celebrações, dança e canto, mas foi também um pontapé de violência física e cultural resultantes da política indigenista da Coroa Portuguesa e também da Companhia de Jesus.

O relato inicial desse contato em terras nacionais está na própria carta de Caminha e contempla a música:

> Passou-se então para a outra banda do rio Diogo Dias, que fora almoxarife de Sacavém, o qual é homem gracioso e de prazer. E levou consigo um gaiteiro nosso com sua gaita. E meteu-se a dançar com eles, tomando-os pelas mãos; e eles folgavam e riam e andavam com ele muito bem ao som da gaita. Depois de dançarem fez ali muitas voltas ligeiras, andando no chão, e salto real, de que eles se espantavam e riam e folgavam muito. (Caminha, 1963, p. 6)

Contudo, para entendermos a chegada dos portugueses, é necessário conhecermos o contexto geral da época, especificamente o que estava acontecendo no mundo na virada para o século XVI.

O próprio termo *descobrimento* vem sendo amplamente discutido e refutado por historiadores e indígenas contemporâneos; atualmente, muitos estudiosos têm aplicado o conceito *invasão* do Brasil.

Quando pensamos que o país foi descoberto em 1500, é como se sua história começasse apenas nesse momento, ignorando história, civilizações e culturas anteriores. Sob o ponto de vista antropológico, para os portugueses, foi, de fato, uma descoberta inusitada se deparar com um continente habitado por uma civilização com uma cultura totalmente diferente da sua.

Esse período, que compreende o ano de 1500, é conhecido na história ocidental como *Renascimento*. Foi um movimento social, cultural, político, econômico, filosófico e artístico responsável por tirar a humanidade do período das "trevas" da Idade Média.

Por conta desse fervilhar de ideias e de mudanças, muitas inovações surgiram nesse período, como a invenção da imprensa, por

Johannes Gutenberg. O homem começou a se aventurar e a desbravar os mares. Foi nesse espírito de aventura que, em 22 de abril de 1500, os portugueses desembarcaram em terras brasileiras.

Entretanto, logo após o "descobrimento", o Brasil ficou, de certa forma, "esquecido". Portugal não sabia muito bem o que fazer com um território ainda inexplorado. Na época, a França refutou o Tratado de Tordesilhas, celebrado em 1494, querendo parte dos territórios descobertos até então. A ameaça de invasão era iminente, ainda que só tenha ocorrido posteriormente.

Na mesma época, a Igreja Católica reagia a um dos maiores acontecimentos de sua história: a Reforma Protestante. Promovida em 1517 por Martinho Lutero, na Alemanha, trouxe para a Igreja uma queda na quantidade de fiéis. Para reagir a essa perda significativa de fiéis, a Igreja aprovou a concepção da Companhia de Jesus, criada em 1534 por Inácio de Loyola para pregar o cristianismo nas Américas. Com a missão de propagar a fé cristã pelo mundo, os missionários embarcaram nas naus portuguesas e espanholas rumo ao Novo Mundo, o que parecia uma excelente ideia à época. Chegaram na Bahia em 1549, sob a coordenação do padre espanhol José de Anchieta, na armada de Tomé de Souza, primeiro governador-geral do Brasil.

De acordo com Holler (2005, p. 1133):

> No Brasil os padres logo perceberam na música um meio eficaz de sedução e convencimento dos indígenas, e embora a Companhia de Jesus tivesse surgido em meio ao espírito austero da Contrarreforma, e seus regulamentos fossem pouco afetos à prática musical, referências à música em cerimônias religiosas e eventos profanos, realizada sobretudo por indígenas, são encontradas em relatos desde pouco tempo depois da chegada dos jesuítas no Brasil até sua expulsão em 1759.

O ensino musical foi fundamental para que esse ofício jesuítico pudesse se efetivar com os indígenas (Castagna, 1994). Além da criação das reduções, os jesuítas também foram responsáveis pelos primeiros colégios brasileiros, como o Colégio dos Meninos de Jesus, fundado em 1550 em Salvador. Esse colégio se tornou um modelo para a criação das instituições seguintes. Foi o Padre José de Anchieta que fundou o Colégio de São Paulo, na cidade de Piratininga, em 1554. Ele foi o primeiro missionário a ensinar latim nos aldeamentos.

É importante atentar para o fato de que a música teve um papel bastante significativo na catequização dos indígenas, por apresentar uma função estratégica, como expõe Alves Filho (2007, p. 13):

> visualizavam a realização de uma convergência cultural através da tradução e da equivalência. Como exemplo, pode-se citar a intervenção bem-sucedida dos jesuítas junto aos guaranis, já que sua mitologia era predisposta a aceitar a ideia de um deus único e a existência de um mundo celestial. Aliando-se a isso, o ritual cristão, com sua pompa e sua música, atraía os nativos e contribuía para um processo de conversão que não era traumático.

Em 1759, depois das Guerras Guaraníticas, os jesuítas foram expulsos do país pelo Rei D. José I, por recomendação do futuro Marquês de Pombal. Portugal acusou os missionários de jogarem a população indígena contra a Coroa Portuguesa.

Um apontamento muito importante foi feito por Monteiro (2009, p. 82-83), o qual ressalta que:

> Os jesuítas fizeram uso não apenas dos estilos musicais que haviam trazido da Europa, mas também se serviram dos cantos dos índios, mudando as palavras para que elas expressassem o louvor a Deus. Este procedimento, que hoje seria elogiado como uma adequada

percepção transcultural, foi atacado e proibido pelo primeiro bispo do Brasil, D. Pero Fernandes Sardinha. Este bispo era homem culto, formado pela Sorbonne, onde teria tido contato com o futuro reformador João Calvino. Contudo, logo que chegou ao Brasil, em outubro de 1551, se opôs à prática de Manuel da Nóbrega, que fazia amplo uso das melodias indígenas.

Agora há algo a se pensar: a música de tradição ocidental tomou conta dos aldeamentos dos povos originários, que tiveram sua cultura não valorizada pelos jesuítas. Então como nós, regentes corais, poderíamos resgatar um pouco dessa cultura? Seria possível incorporar a música indígena ou seus aspectos no canto coral amador?

Sabemos que cada grupo coral tem sua própria característica e seus próprios objetivos, e isso obviamente influencia o repertório escolhido. O que propomos aqui não é uma substituição completa das músicas selecionadas, ou que os coros parem com seus repertórios atuais e passem a fazer música indígena. Nada disso! A ideia aqui é incorporar músicas, elementos da cultura indígena no cotidiano do canto coral.

É necessário conhecermos e valorizarmos nossa história, nossa sonoridade, que é tão diversa e rica, mas que tem um pedaço, por vezes, esquecido. Os coros cantam músicas alemãs, italianas, francesas, norte-americanas e africanas, por que não incluirmos uma sonoridade genuinamente brasileira?

Se o seu coro não pode, por quaisquer motivos que sejam, incluir músicas indígenas em seu repertório, ainda assim vale a pena trazer um pouco dessa sonoridade em alguns momentos do grupo, como na exploração sonora ou na improvisação vocal. Então, se você reger um coro japonês, ou italiano, ou de uma empresa alemã com um repertório muito específico, está tudo certo. Aproveite outros momentos do ensaio para experimentar alguns exemplos que daremos aqui.

> **Experiência da autora**
>
> A ideia não é distorcer a proposta inicial de resgate histórico, tampouco menosprezar sua importância, mas, eu mesma, em tantos anos de carreira, aproveitei muito pouco do universo indígena nos corais que regi.

A discussão sobre a decolonialidade tem crescido nos últimos anos e se propõe exatamente a debater a libertação da produção de conhecimento dos países latino-americanos sob o ponto de vista eurocêntrico. Por que insistimos em pesquisar sobre Beethoven ou cantar Bach se temos compositores da nossa cultura? Qual é a proximidade que temos com a produção musical latino-americana e indígena?

Cantos indígenas têm uma conexão muito forte com os rituais e, se pensarmos bem, a música, na sociedade atual, também: festas de aniversário e de casamento, carnaval, Natal, churrasco com os amigos... A música sempre está presente em comemorações, em rituais de passagens, em homenagens. No entanto, na nossa sociedade, esses rituais e a música acabam por ter, em sua maioria, um caráter mais ligado à rememoração, à comemoração e ao entretenimento.

Os rituais e as músicas indígenas têm uma conexão com o sagrado, com o fortalecimento da espiritualidade, e desenvolvem uma conexão também com o lugar em que vivem. As crianças indígenas, por exemplo, são incentivadas a construírem seus próprios instrumentos coletando materiais ao redor da aldeia (Ensinamentos..., 2022).

Um dos primeiros momentos da história em que a música indígena foi valorizada como parte da cultura nacional foi na virada do século XIX para o XX, quando vários compositores experimentaram a inclusão de elementos folclóricos e nacionais em suas composições.

No Brasil, Villa-Lobos (1887-1959) foi um dos compositores que participou desse movimento nacionalista e incorporou o folclore em suas composições, mas também se aproveitou das influências indígenas em seu repertório.

Experiência da autora

O *Choros n. 10*, *Rasga Coração*, de Villa-Lobos, do qual já tive o privilégio de fazer parte da preparação do coro, traz referências claras aos idiomas indígenas.

Isso acabou acontecendo também porque as primeiras gravações, os primeiros registros da música indígena estavam sendo feitos no Brasil, e alguns compositores fizeram questão de usar como inspiração para suas obras o material gravado por Edgar Roquette-Pinto, em 1912, no oeste do Mato Grosso.

Pereira (1993, p. 9, citado por Sergl, 2019, p. 162) afirma que "Villa-Lobos ambientou os temas indígenas, mas utilizou (numa fusão singular) ritmos, escalas e principalmente lendas pré e pós-colombianas. Os cantos ameríndios foram de grande influência na sua obra coral e orquestral".

O projeto Cantos da Floresta: Iniciação ao Universo Musical Indígena, idealizado pela educadora musical Berenice de Almeida e pela etnomusicóloga e musicista Magda Pucci, servirá como recurso e exemplo de inclusão de canções indígenas no canto coral. Portanto, neste livro, faremos o caminho inverso traçado pelos jesuítas no século XVI: vamos valorizar a música indígena nas nossas práticas! A cantiga de ninar escolhida foi a *Cantiga Makuna*[1], da Comunidade São Pedro (Rio Negro). Confira:

> Dorme quietinho, meu irmãozinho
> Hãhãhoô, filhotes de cutia, filhote de cutiuaia
> Hãhãhoô, hãhãhoô, hãhãhoô, hãhãhoô
> Hãhãhoô tragam o sono
> Dorme deitadinho, que o nosso pai foi pescar
> Hãhãhoô, para nós comermos depois, hãhãhoô,
> hãhãhoô
> A nossa mãe foi arrancar mandioca
> Para fazer manicuera
> Assim que ela aprontar, a gente vai tomar, minha irmãzinha
> Hãhãhoô, Hãhãhoô, Hãhãhoô, Hãhãhoô
> Traga o sono, filhote de cutia
> Filhote de cutia, traga o sono
> Filhotes de cutiuaia, Hã hã hoô
> Hãhãhoô, Hãhãhoô, Hãhãhoô
> O nosso pai foi pescar

...
[1] Cantiga de ninar do povo Makuna. Partitura disponível no site do projeto pedagógico *Cantos da Floresta – Iniciação ao Universo Musical Indígena* de Magda Pucci e Berenice de Almeida. Transcrição musical e organização do material: Magda Pucci e Berenice de Almeida. Editora Peirópolis, 2017. Disponível em: <https://www.cantosdafloresta.com.br/audios/cancao-de-fazer-crianca-dormir/>. Canção disponível no CD *Projeto Acalanto – As canções das mulheres indígenas do Rio Negro* – Produção Ricardo Berwanger e Andrea Prado. Apoio: Petrobras/Funai/Foirn. Tradução da letra: Marcel T. Ávila. Transcrição: Celina Baré.

Hãhãhoô, assim que voltar, nós vamos comer
O nosso pai foi pescar peixe para nós
Hãhãhoô, Hãhãhoô, Hãhãhoô
Filhote de cutia e filhote de cutiuaia, tragam o sono
Hãhãhoô, Hãhãhoô, Hãhãhoô
Dorme quietinho, meu irmãozinho.
Hãhãhoô, Hãhãhoô, Hãhãhoô
Filhote de cutia e filhote de cutiuaia, tragam o sono
Hã hã hoô. (Almeida; Pucci, 2022)

De acordo com Almeida e Pucci (2022):

Essa cantiga de ninar é cantada na língua Tuyuka, do Rio Negro. A melodia apresenta um curto motivo melódico no fim das frases com os fonemas *hã hã hoô*. É um acalanto cantado com repetição de frases, ora invertidas, pedindo às aves cutia e cutiuaia para ajudar a criança dormir. Como diversas cantigas de ninar brasileiras, a letra fala sobre o pai buscar comida para comer depois. A partitura é apenas um guia, pois a cantora canta livremente. Foi gravada no projeto **Acalanto** produzido pelo FOIRN.

O *site* do projeto pode ser acessado pelo QR Code a seguir.

Figura 2.1 – QR Code: Projeto Cantos da Floresta

Partitura 2.1 – Cantiga Makuna[2]

Fonte: Almeida; Pucci, 2022.

2   Cantiga de ninar do povo Makuna. Partitura disponível no *site* do projeto pedagógico *Cantos da Floresta – Iniciação ao Universo Musical Indígena* de Magda Pucci e Berenice de Almeida. Transcrição musical e organização do material: Magda Pucci e Berenice de Almeida. Editora Peirópolis, 2017. Disponível em: <https://www.cantosdafloresta.com.br/audios/cancao-de-fazer-crianca-dormir/>. Canção disponível no CD *Projeto Acalanto – As canções das mulheres indígenas do Rio Negro* – Produção Ricardo Berwanger e Andrea Prado. Apoio: Petrobras/Funai/Foirn. Tradução da letra: Marcel T. Ávila. Transcrição: Celina Baré.

O grupo deve ouvir o áudio completo da gravação, disponível na página do projeto. É importante ressaltar que a própria página apresenta propostas didáticas que envolvem o desenvolvimento da percepção auditiva e uma apreciação musical mais ativa.

Agora, vamos selecionar um pequeno trecho da canção e adaptá-la para o universo coral, com o intuito de criar exercícios e dinâmicas não somente com propósitos técnicos (para exploração da voz), mas, principalmente, com o objetivo de desenvolver em nossos cantores a união, a espiritualidade e, também, o apreço e o respeito pelo universo indígena.

Primeiramente, selecione um trecho da canção. Utilizaremos como exemplo o trecho a seguir.

Partitura 2.2 – Exemplo de trecho para adaptação da *Cantiga Makuna*

Fonte: Almeida; Pucci, 2022.

Ensine trechos pequenos como exercícios de articulação durante os momentos de técnica vocal do coro. Instigue os coralistas a refletir sobre o que é considerado certo e errado quando o assunto é sonoridade das vozes. Faça-os ouvir o áudio com a gravação do canto original e experimentar o canto com essas novas possibilidades.

Particularmente, achamos impressionante a agógica que os cantos não ocidentais têm. Precisamos aprender a ter mais flexibilidade e liberdade nas nossas frases. Muitas vezes, parece que somos escravos desse padrão. Como salienta Kerr (2006, p. 119), "padrões podem se tornar patrões, se escrito com T de técnica, risco que as convenções também correm de, no caso, se tornarem contenções".

Para aproveitar ainda mais um pequeno trecho de canções indígenas, durante a transição entre obras, ou ainda para finalizar o ensaio, inclua elementos de percussão corporal. Ouse harmonizar para duas, três ou, até mesmo, quatro vozes, tomando o cuidado para não perder o caráter original e modal das canções indígenas.

Ressaltamos que sempre é necessário falar e contextualizar sobre o povo de origem da canção.

2.2 Prática nos centros do Brasil Colônia

O período colonial se estende de, aproximadamente, 1530, quando aconteceram as primeiras expedições exploratórias e também a divisão das Capitanias Hereditárias (1534), que tinham como objetivo povoar o território "recém-descoberto", até 1822, ano da Independência do Brasil.

Ao final do século XVIII, as primeiras vilas estavam formadas, principalmente nas regiões litorâneas do país. Contudo, a descoberta do ouro em Minas Gerais fez com que houvesse uma enorme migração de europeus para as principais cidades desse meio: Vila Rica (atual Ouro Preto), Mariana e Tiradentes. Diante dessa nova realidade, o Brasil passou a ter um pequeno "problema" a ser resolvido: europeus da burguesia e da aristocracia tinham o costume de consumir cultura (teatro, ópera, concertos etc.) na Europa, mercado que ainda não tinha sido desenvolvido no Brasil Colônia. Foi por conta desse grande movimento migratório que o primeiro teatro surgiu em Ouro Preto ainda no final do século XVIII. Existia uma demanda por atividades culturais, e a primeira casa de ópera foi construída em 6 de junho de 1770 – a Casa da Ópera de Vila Rica. Alguns músicos atuavam na composição de obras para o serviço eclesiástico, a exemplo de José Joaquim Emerico Lobo de Mesquita, Marcos Coelho Neto e Francisco Gomes da Rocha.

Como demonstramos anteriormente, em 1789, na Europa, havia acontecido a Revolução Francesa. A queda da Bastilha aconteceu em 1789, dando fim à monarquia absolutista. Em 1804, Napoleão coroou a si mesmo imperador da França. Sua ascensão ao poder influenciou, indiretamente, as práticas musicais no Brasil, de forma jamais vista anteriormente.

Em 1807, o exército francês estava a caminho da Espanha e de Portugal. Carlota Joaquina, que pertencia originalmente à família real da Espanha, ficou sabendo com antecedência que os acordos feitos entre a Coroa e Bonaparte não seriam cumpridos. Portugal ficou sem saída e D. João VI decidiu, com o apoio da Inglaterra, fugir para o Brasil. Ainda hoje é discutido se a vinda da família real foi uma fuga ou uma estratégia. Mas isso é papo para outro livro.

O fato é que a chegada da família real portuguesa em terras brasileiras em 1808 mudou profundamente vários aspectos culturais e sociais da colônia. Junto com a Coroa, vieram parte da nobreza, militares, conselheiros reais, comerciantes, juízes, advogados, bispos, padres e serviçais de todos os tipos (Gomes, 2014). Estima-se que de 10 a 15 mil pessoas acompanharam as fragatas de D. João VI rumo ao Brasil. Desembarcaram no Rio de Janeiro, mas a cidade ainda não oferecia instalações e programação cultural para atender à demanda desses imigrantes.

A agitação que aconteceu na música nesse período ocasionou um aumento da procura por aulas de instrumento. A cidade precisava de mais músicos, e alguns viriam de Portugal para dar conta da nova demanda, como aponta Bernardes (2001, p. 43):

> A partir desse ano [1809] começam a chegar ao Rio de Janeiro os cantores vindos da Capela Real de Lisboa, e, no início de 1810, os instrumentistas. Os músicos são atraídos pelas possibilidades de trabalho propiciadas pela instalação permanente da Corte na cidade e pela construção, em andamento, do Teatro de Ópera.

Foi nesse cenário que o Padre José Maurício Nunes Garcia (1767-1830) se destacou, pois já desempenhava seu trabalho como mestre da Capela da Sé do Rio de Janeiro, cargo assumido em 1798. Ainda de acordo com Bernardes (2001, p. 42):

> Quando do desembarque da Corte, a 8 de março de 1808, todas as festividades de recepção estavam preparadas na Igreja de Nossa Senhora do Monte do Carmo, por ser a mais rica e ornamentada da cidade. Porém, D. João desejava que se celebrasse um *Te Deum*, em agradecimento pela boa viagem e chegada, na Sé, cujo conjunto musical, dirigido por José Maurício, contava com um grupo vocal formado por cantores meninos, nas vozes de soprano e contralto, e adultos, como tenores e baixos. Contava ainda com um pequeno grupo de instrumentistas, que segundo a prática de orquestração de suas obras até então, provavelmente consistiam em: cordas, flautas, ocasionalmente clarinetes, trompas e baixo contínuo, realizado por órgão, fagote e contrabaixo.

D. João VI decidiu nomeá-lo mestre da Real Capela, e a partir desse período, entre 1808 e 1811, até a chegada de Marcos Portugal (1762-1830) – compositor português renomado na época –, o Padre José Maurício compôs cerca de 70 obras para atender às demandas das solenidades da Coroa (Bernardes, 2001).

Experiência da autora

Optei por abordar aqui uma das obras do Padre José Maurício, a qual tive o privilégio de executar com o Coral da Universidade Tecnológica Federal do Paraná (UTFPR) em 2011, junto com a Orquestra Filarmônica da Universidade Federal do Paraná (UFPR), por conta do centenário da universidade. Trata-se de *Missa Pastoril para a Noite de Natal*, composta no seu último ano comandando a Real Capela, em 1811. A obra conta com 15 partes e é destinada a coro misto, solistas e orquestra com clarinete, fagote, trompa, trompete, viola, violoncelo e órgão. Não é de difícil execução técnica nem por parte do coro, dos solistas e da orquestra.

A tessitura vocal da obra é bastante confortável para coros com cantores sem muito treinamento vocal, pois a música foi escrita respeitando as regiões mais centrais da voz de cada naipe. A textura, a harmonia, a forma, entre outros aspectos, mantêm o caráter clássico da peça.

Na Partitura 2.3, podemos ver os primeiros compassos do coro cantando o trecho inicial do *Kyrie Eleison*, no qual observamos que a construção da melodia é bastante simples.

Partitura 2.3 – *Kyrie Eleison*, da *Missa Pastoril para a Noite de Natal*, de Padre José Maurício

[Partitura musical com quatro vozes (S., A., T., B.) apresentando o Kyrie Eleison, com indicações "tutti", "p" e "cresc".]

Fonte: Garcia, 2017, p. 2.

Ao longo da missa, é possível perceber que temas musicais são repetidos em diferentes partes, como no *Agnus Dei*, que se trata de uma adequação da letra na melodia inicial.

Partitura 2.4 – *Agnus Dei, da Missa Pastoril para a Noite de Natal, de Padre José Maurício*

Fonte: Garcia, 2017, p. 79.

> Esse fator me ajudou consideravelmente na montagem da obra, pelo pouco tempo que tínhamos na época, pois o coro memorizou as melodias com maior facilidade.
>
> Essa é uma obra do período colonial totalmente acessível para que coros com cantores leigos tenham a experiência de cantar uma missa que fez parte da história do Brasil. Conhecer, apreciar e cantar os nossos compositores é tão importante quando conhecermos o *Réquiem* de Mozart.
>
> Acesse informações sobre o compositor e também a partitura da obra mencionada pelo QR Code a seguir.

Figura 2.2 – QR Code: José Maurício Nunes Garcia

> No QR Code a seguir, estão listadas partituras de outros compositores do período, assim como vídeos para que você possa conhecer mais sobre a música do Brasil Colônia.

Figura 2.3 – QR Code: Música coral no Brasil Colônia

2.3 Século XX: Villa-Lobos e o canto orfeônico

"Sim, sou brasileiro e bem brasileiro. Na minha música eu deixo cantar os rios e os mares deste grande Brasil. Eu não ponho breques nem freios, nem mordaça na exuberância tropical das nossas florestas e dos nossos céus, que eu transponho instintivamente para tudo o que escrevo" (Villa-Lobos, citado por Paz, 2004, p. 2).

Villa-Lobos certamente é o compositor brasileiro de maior prestígio nacional e internacional. Para conhecermos mais a fundo sua atuação no canto orfeônico no Brasil, é necessário entender o contexto político e social da época, assim como sua ascensão como compositor e ligação com a política.

Nascido em 5 de janeiro de 1887, no Rio de Janeiro, Villa-Lobos teve sua iniciação musical dada pelo próprio pai, Raul Villa-Lobos, que também era músico, funcionário da Biblioteca Nacional. Aprendeu a tocar violoncelo e clarinete, além de sempre frequentar os ensaios que o pai participava. Posteriormente, apaixonou-se pelo violão e também pelo saxofone.

Existem relatos de que Villa-Lobos peregrinou pelo país, de norte a sul, conhecendo a cultura regional, compondo suas canções ainda modestas, tocando com os chorões e delineando seu estilo composicional. As primeiras apresentações musicais como compositor aconteceram em 1915, no Rio de Janeiro, e tiveram forte recusa por parte da sociedade e também da classe musical, como aponta Mariz (1981, p. 110): "A resistência à obra de Villa-Lobos não ficava no público ou na crítica. Também a orquestra que tinha de interpretar a sua música rebelava-se indignada".

Uma das características mais relevantes da obra de Villa-Lobos é a incorporação de aspectos folclóricos brasileiros em suas composições. Ele faz parte do movimento de compositores nacionalistas, como Alberto Nepomuceno e Brasílio Itiberê. Podemos dizer que a música brasileira ganhou o mundo por causa de Villa-Lobos.

No início do século XX, o Brasil passava por importantes transformações sociais e políticas. A escravidão acabara de ser abolida em 1888, e, no ano seguinte, o golpe da Proclamação da República foi dado pelos barões do café, que não gostaram nem um pouco da abolição. Os negros haviam sido jogados à própria sorte, sem nenhum auxílio, enquanto milhares de imigrantes europeus entravam no Brasil para suprir a antiga mão de obra escrava.

O movimento nacionalista já era realidade na Europa, mas ainda latente no Brasil. De fato, só iria se estabelecer como linguagem cultural e artística em terras brasileiras posteriormente, pois, de acordo com Mariz (1981, p. 88):

> No Brasil essa valorização das riquezas folclóricas nacionais encontrou resistência da parte de uma sociedade ainda demasiado dependente dos gostos tradicionais europeus. Como a parte mais rica e pitoresca de nosso cenário musical vinha dos negros, que só obtiveram a abolição da escravatura em 1888, o público musical das sociedades de concerto olhava com certo desprezo tudo o que pudesse proceder do povo.

Esse movimento nacionalista teve início ainda no século XIX e acabou por adentrar o século XX, principalmente após a Primeira Guerra Mundial (1914-1918), quando os ânimos da sociedade, no mundo todo, buscavam renovação para um novo começo.

No Brasil, a Semana de Arte Moderna de 1922, em São Paulo, foi o momento-chave para que o movimento nacionalista emergisse e se consolidasse. Vários artistas participaram, como Mário de Andrade, Di Cavalcanti, Oswald de Andrade, Víctor Brecheret, Anita Malfatti, Sérgio Milliet, Menotti Del Picchia, Plínio Salgado, Guilherme de Almeida, Tácito de Almeida e o próprio Heitor Villa-Lobos.

Villa-Lobos ainda desempenhou um papel bastante importante nas esferas política e diplomática. Em 1932, foi convidado a assumir um cargo público na Superintendência de Educação Musical e

Artística (Sema) e encabeçar um programa de educação musical. De acordo com Oliveira (2011, p. 12):

> Villa-Lobos apresentou um projeto educacional importante que ao invés de fundar uma escola de música, como faziam muitos maestros, escreveu um projeto no qual seriam ministradas aulas de canto orfeônico nas escolas públicas de primeiro e segundo graus na cidade do Rio de Janeiro. Esse projeto possibilitou a fundação do Conservatório Nacional de Canto Orfeônico, fazendo com que o maestro se tornasse o primeiro diretor da instituição, uma espécie de consagração de sua obra.

O canto orfeônico tem origens europeias e, quando foi instituído pelo governo brasileiro, sua prática no velho continente era bastante solidificada. Porém, no Brasil, o canto orfeônico não começou com Villa-Lobos. Sua prática já estava presente nas escolas paulistas em 1910 (Gilioli, 2003). O ensino de música nas escolas já acontecia por decreto de D. Pedro II de 1854, mas foi, de fato, com o projeto de Villa-Lobos que houve a implementação do canto orfeônico em território nacional. Além disso, o canto orfeônico tinha a função de desenvolver disciplina e sentimento de patriotismo, por isso foi utilizado em diversos países durante os movimentos nacionalistas na virada do século XIX para o XX.

O canto orfeônico, apesar de parecer um projeto de canto coral, apresenta algumas diferenças: ele presume o trabalho com grandes grupos sem formação musical prévia, ao passo que, no canto coral, o trabalho prevê certo treinamento técnico-musical, além de um repertório diferenciado.

Após Getúlio Vargas subir ao poder em 1930, Villa-Lobos decidiu apresentar um plano para a implementação do canto orfeônico nas escolas. De acordo com Lemos Júnior (2011, p. 284):

O problema levantado por Villa-Lobos e a forma apresentada para a sua solução (exaltação ao nacionalismo) pareciam ser as melhores justificativas para a realização do seu projeto. Elevar a arte a um símbolo de potencial da Nação se tornava o principal argumento utilizado pelo maestro para conseguir atingir seus objetivos. Villa-Lobos sintetizava e defendia aquilo que já era realidade na Europa: o vínculo do ensino de música com uma função utilitarista para a sociedade.

Em 1932, Villa-Lobos elaborou o *Curso de orientação do ensino de música e canto orfeônico* com o intuito de formar professores nas áreas de técnica vocal, folclore, regência, etnografia, ritmo e história da música. Em 1942, foi inaugurado o Conservatório Nacional de Canto Orfeônico, que ficou sob a direção do maestro até 1959.

Entre 1932 e 1951, Villa-Lobos escreveu cinco coleções de músicas para o canto orfeônico no país: *Guia prático* (1932), *Canto orfeônico I* (1937), *Solfejos I* (1940), *Solfejos II* (1946) e *Canto orfeônico II* (1951).

Confira, a seguir, o texto introdutório do *Guia prático*, que explica sua finalidade:

> O *Guia prático*, tendo como principal finalidade a educação artística e musical, é uma obra de documentos analisados e selecionados, obedecendo a uma ordem de classificação de música para a formação do gosto artístico como o mais agradável auxílio à educação cívico-social, dividindo-se em seis volumes: 1º volume (em duas partes) – Recreativo Musical (137 cantigas infantis populares cantadas pelas crianças brasileiras e cânticos e canções); 2º

volume – Cívico Musical (hinos: nacionais e estrangeiros; canções escolares e patrióticas); 3º volume – Recreativo Artístico (canções escolares nacionais e estrangeiras); 4º volume – Folclórico Musical (temas ameríndios, mestiços, africanos, americanos e temas populares universais); 5º volume – Para livre escolha dos alunos (músicas selecionadas com o fim de permitir a observação do progresso, da tendência, temperamento e gosto artístico revelados na escolha feita pelo aluno, das músicas adotadas para este gênero de educação); 6º volume – Artístico Musical (litúrgica e profana, estrangeiras, nacionais, gêneros acessíveis). A confecção dessas peças coordenadas numa coletânea selecionada tem como objetivo orientar os jovens compositores nacionais, e também poder ser desdobrada em várias finalidades e servir a diversos ramos de atividade escolar. O Índice, o Quadro Sinótico e o Gráfico Planisférico etnológico da origem da música no Brasil do "Guia prático" (1º volume) acham-se no fim deste livro. (Villa-Lobos, 1932, p. 3)

O *Guia prático* conta com 137 canções para solo, coros e conjuntos instrumentais, com músicas nacionais e estrangeiras. Quanto ao canto, os arranjos são em uníssono, para uma, duas ou até três vozes.

Nas explicações de como utilizar o guia, há até mesmo um gráfico etnológico da origem da música no Brasil. Observe a seguir a Figura 2.4.

Figura 2.4 – Gráfico planisférico etnológico da música no Brasil, do *Guia prático*

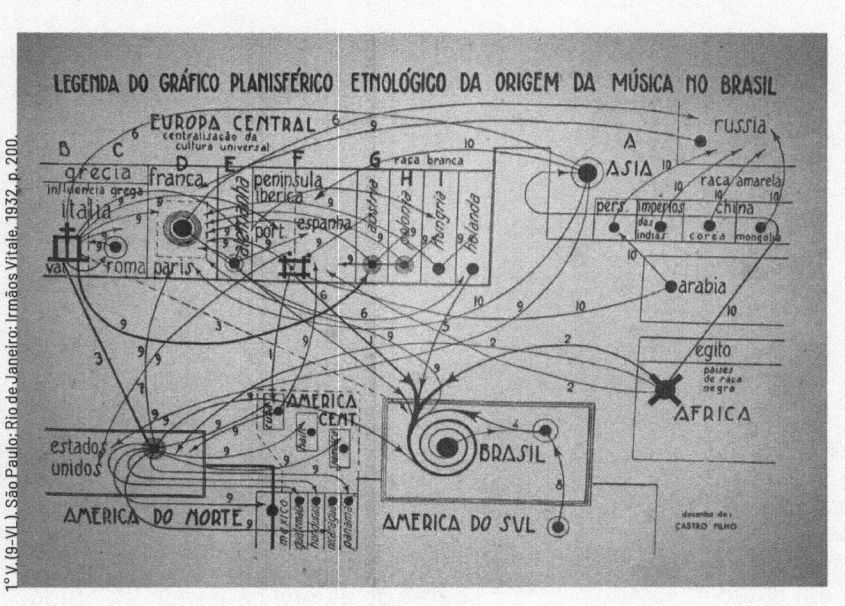

Legenda do gráfico planisférico etnológico da origem da música no Brasil. VILLA-LOBOS, H. Guia prático: estudo folclórico musical – 1° V. (9-VI.). São Paulo; Rio de Janeiro: Irmãos Vitale, 1932. p. 200.

Entre as músicas escolhidas pelo compositor, havia dezenas de clássicos das cantigas de rodas, como: *Cai, Cai Balão*; *Bela Pastora*; *Bam-ba-la-lão*; e *A canoa virou*. Particularmente, consideramos essas canções um material excelente para trabalhar com os coros infantis e também com coros adultos iniciantes. Especialmente a segunda voz de *Cai, Cai Balão* é uma das mais bonitas do guia. Também indicamos o arranjo de *Bam-ba-la-lão*.

Parte do índice do *Guia Prático*, com a listagem das músicas escolhidas, pode ser conferido a seguir.

> **Parte das obras presentes no *Guia prático* (Villa-Lobos, 1932)**
>
> O castelo
> As conchinhas
> O corcunda
> O cravo (1ª versão)
> O cravo brigou com a rosa (2ª versão)
> No jardim celestial
> Margarida
> Meu benzinho
> O pobre e o rico
> Que lindos olhos!
> Sapo jururú

Por fim, diversas demonstrações públicas foram feitas na época, em estádios lotados, com milhares de alunos cantando. Contudo, o governo ditatorial de Vargas foi bastante criticado por conta da semelhança que o projeto apresentava com metodologias análogas aplicadas, por exemplo, pelos fascistas italianos e pelos nazistas.

Muito se discute se Villa-Lobos tinha noção de que estava sendo, de certa forma, "usado" por Vargas no seu projeto político do Estado Novo. É interessante analisarmos a observação feita por Cherñavsky (2004, p. 6) sobre diversas bibliografias referentes ao compositor:

> a despeito dos largos anos de ativa participação junto ao poder constituído, trabalhando no majestoso programa de ensino de música e canto orfeônico, grande parte da historiografia procurou construir a imagem de um Villa-Lobos ingênuo politicamente,

preocupado apenas com questões de ordem estética, completamente desvinculado de qualquer ideologia política definida. Nesse processo, elegeram-se alguns elementos de sua personalidade e de sua trajetória artística para serem destacados e outros para serem "esquecidos" na composição da personagem íntegra, imagem que acabou sendo cristalizada com o passar dos anos.

Provavelmente, Villa-Lobos sabia de todo o contexto, porém viu no projeto político de Vargas uma oportunidade para implementar seu projeto musical.

A Fundação Nacional das Artes (Funarte) disponibiliza gravações feitas pelo coro infantil do Teatro Municipal do Rio de Janeiro e pelo Quinteto Villa-Lobos em seu *site*, com uma seleção de 31 canções do *Guia prático*.

Acesse o *Guia prático* e mais informações sobre Villa-Lobos no QR Code a seguir.

Figura 2.5 – QR Code: Villa-Lobos

As demais obras do compositor podem ser acessadas no acervo digital do Instituto de Memória Musical Brasileira (IMMuB), disponível no QR Code a seguir.

Figura 2.6 – QR Code: Instituto de Memória Musical Brasileira

2.4 Movimento coral brasileiro e composições para coro

A prática do canto coral no Brasil tem como base os coros amadores, sejam eles de escola, de igrejas, de empresas ou independentes. De acordo com Junker (1999, p. 1): "Em todo o mundo, e o Brasil não é exceção, a grande maioria dos grupos corais é de amadores. São movimentos de natureza comunitária em geral ligados a uma instituição, ou independentes".

O amadorismo nada tem a ver com a capacidade técnica dos coros, contudo, é comum acabarmos por vincular o termo aos coros iniciantes e leigos. Na prática, grande parte dos coros amadores acabam por ter caráter iniciante, tanto por conta da formação musical da população quanto pela rotatividade constante que os regentes enfrentam, dificultando o treinamento de coralistas a longo prazo.

O canto coral é uma prática mundialmente reconhecida, mas cada país tem sua própria "cultura coral". Isso se dá pela forma como os corais se organizam, ensaiam, cantam, são financiados, perpetuados e prestigiados pela própria população.

Vale lembrar que a atividade coral sempre esteve fortemente ligada ao serviço litúrgico e que, no Brasil, teve seu desenvolvimento no período colonial, principalmente com a chegada da família real portuguesa em 1808. A demanda por atividades musicais foi tamanha que houve uma "importação" de cantores de Lisboa para a formação dos coros que iriam atender a Coroa no Rio de Janeiro.

Então, quando tratamos do assunto canto coral no Brasil, estamos debatendo um movimento muito recente em termos históricos. A tradição coral brasileira ainda está sendo escrita. Na Europa, existem sociedades corais fundadas nos séculos XVIII e XIX; já no Brasil, a maior parte de seus principais coros da atualidade foi fundada no século XX.

O Coral Paulistano foi fundado em 1936, por Mário de Andrade, participante da Semana de Arte Moderna, que apresentou o projeto com o intuito de incluir música brasileira na programação da época e, assim, difundir ainda mais o movimento nacionalista. Essa atitude abriu portas para o surgimento da Associação de Canto Coral do Rio de Janeiro (1941) e do Madrigal Renascentista (1956).

Acreditamos que o canto orfeônico pode ter colaborado com o crescimento da atividade coral no Brasil – e provavelmente teve certo impacto, ainda que esse não fosse seu fim. O fato é que, a partir dos anos 1950, depois de algum tempo da implementação do projeto de Villa-Lobos, vários corais, que existem até hoje, foram fundados, a exemplo de alguns coros universitários: Coro da Universidade Federal do Paraná (1958), Coral da Universidade Tecnológica Federal do Paraná (1966), o Ars Nova da Universidade Federal de Minas Gerais (1959), Coral da Universidade de São Paulo (1967), entre outros.

Ao observar esse cenário, é possível perceber que coros, como instituições, ainda não completaram sequer um século de existência.

Certamente a atividade coral está presente há mais tempo por conta das atividades religiosas, educacionais e das tradições de imigrantes alemães, italianos, poloneses e demais povos com uma cultura coral de longa data.

Analisando o contexto atual, o caminho a ser trilhado é enorme e muito desafiador. O canto coral, exceto por projetos que são praticamente exceções, não está mais na escola. Na realidade, aulas de Música são privilégio de poucas escolas. Existem alguns municípios que investem na contratação de professores especialistas, mas sabemos que são casos isolados e que isso não acontece no país inteiro.

O canto coral permanece vivo por meio de coros universitários, empresas, grupos independentes, alguns coros profissionais ligados às instituições promotoras de cultura e, principalmente, igrejas.

Experiência da autora

A Igreja tem sido, talvez, a maior formadora de novos músicos no Brasil nos últimos anos. São coros e orquestras mantidos para os serviços litúrgicos semanais, com uma outra característica importante, da qual faço parte da estatística: existem muitos músicos não profissionais, com formação totalmente empírica, que estão à frente de coros e orquestras em suas comunidades, por conta da relação de afeto que têm com a prática musical em sua religião.

Quando fui chamada para reger um coral de 130 vozes, aos 15 anos, e sem nenhuma formação musical formal, me senti totalmente preparada para encarar o desafio. Eu cantava no coro que ia reger, eu sabia como funcionava, ainda que não tivesse embasamento teórico algum. Conhecia os hinos e alguns aquecimentos vocais, tocava piano e sabia reger os padrões mais básicos.

Certamente, entrei em choque com algumas descobertas quando posteriormente cursei licenciatura em Música, mas aqueles dez anos como regente voluntária em uma igreja foi uma das experiências mais importantes da minha trajetória como regente coral.

Apesar de saber da importância da atividade coral para a formação das pessoas, para a relação entre elas, para o sentido de pertencimento, de colaboração, de respeito, de resolução de conflitos, entre tantas outras coisas importantes que desenvolvemos quando cantamos em grupo, é possível notar que, para grande parte das empresas e dos governos, até mesmo para parte da população, a atividade coral é considerada como algo supérfluo, um mero entretenimento.

O movimento coral atual precisa caminhar para ampliar pesquisas científicas, publicações, gravações, difusão, formação e conexões com as demais áreas do conhecimento, não para justificar sua importância, mas para ganhar espaço nesses lugares. A atividade coral é muito maior que ensaios e apresentações. Também é por meio do movimento coral brasileiro que podemos perpetuar nosso próprio cancioneiro. A valorização da nossa cultura passa também pela forma como escolhemos e trabalhamos com nosso repertório em nossos coros.

> **Experiência da autora**
>
> Tive a oportunidade, ao longo da carreira, de trabalhar com várias obras de compositores nacionais e, ainda assim, por vezes me questiono sobre o repertório estrangeiro que já trabalhei: Por que, muitas vezes, algumas pessoas consideram que fazer uma obra de Eric Whitacre ou de Mozart confere ao coro e ao regente maior prestígio do que quando um arranjo de uma música do Djavan é executado?

Talvez isso não seja explícito, mas podemos notar nos programas dos concertos corais que algumas obras são mais prestigiadas que outras, e isso pode ser um reflexo do quanto estamos, de fato, valorizando a cultura coral brasileira.

Além disso, estamos no continente americano, fazemos parte da América do Sul. Estamos colocando obras corais argentinas, cubanas, chilenas, peruanas, uruguaias etc. na nossa programação? O quanto conhecemos sobre a literatura coral da América Latina? Abordaremos um pouco mais essa questão na próxima seção.

2.5 O cancioneiro popular brasileiro para coro

Cancioneiro é um conjunto de canções capazes de expressar as tradições de uma cultura por meio da música. O mais interessante do cancioneiro popular brasileiro, especificamente para coro, é que ele segue uma tradição fundamentada na oralidade, adaptada para o universo coral.

Certamente existem músicas compostas originalmente para coro, mas a maioria executada pelos coros amadores precisa ser transcrita e arranjada para tal. Vamos explicar melhor essa questão. Em alguns lugares, como a Alemanha, há obras muito tradicionais do seu cancioneiro originalmente escritas para coro, ou seja, surgiram na partitura primeiro e foram executadas depois. No Brasil, grande parte do repertório coral do nosso cancioneiro vem da música popular solo e passa por uma adaptação para as vozes corais. Isso faz com que tenhamos dezenas de versões corais da mesma música de Luiz Gonzaga, Djavan, Milton Nascimento, Tom Jobim, entre tantos outros.

Temos nomes consagrados na área de arranjo coral, como Samuel Kerr, Damiano Cozzella e Marcos Leite. Os três juntos foram responsáveis por centenas de arranjos, talvez os mais conhecidos e prestigiados no meio coral brasileiro, e foram de extrema importância no momento que o Brasil passava por "uma gradual substituição do projeto anterior de inspiração modernista que buscava a afirmação de uma identidade nacional através da utilização de material folclórico na criação de obras corais"(Camargo, 2010, p. 13).

Kerr teve importante atuação no desenvolvimento das memórias das comunidades. Seus arranjos buscavam resgatar canções populares e folclóricas, muitas com forte apelo pedagógico e social.

Experiência da autora

Tive a oportunidade de vivenciar isso na prática, quando, em 2014, participei de um Painel de Regência da Funarte realizado em Maringá (PR). Kerr arranjou uma canção japonesa bastante tradicional (*Hana wa saku*), pois a colônia é muito forte na região, e também trouxe uma canção regional chamada *Maringá*. Toda a

> comunidade que participou desse painel cantou canções de sua região, celebrando suas memórias e sua cultura.

Por sua vez, Cozzella alicerçou seu trabalho a partir da década de 1960, quando buscou utilizar canções populares e da indústria cultural para chamar a atenção do grande público. Já Leite, na década de 1970, buscou inserir a sonoridade coral na indústria cultural. Seus arranjos procuravam adaptar canções urbanas e muito conhecidas da população para que o mercado fonográfico aceitasse com maior facilidade essa proposta. Na década de 1980, Leite fundou o grupo vocal Garganta Profunda, um grupo amador que tinha como marca registrada a irreverência. Em pouco tempo, o grupo começou a trilhar um caminho de profissionalização e acabou por fazer *shows* e turnês, gravar álbuns, participar de programas de TV e rádio. Em 1999, o álbum *Deep Rio* foi escolhido pelo Prêmio Sharp como o melhor do ano em sua categoria.

Na categoria de obras originalmente compostas para coros, temos diversos compositores, como Gilberto Mendes, Almeida Prado, Aylton Escobar, Cláudio Santoro, Carlos Alberto Pinto Fonseca, Villa-Lobos, Camargo Guarnieri, Bruno Kiefer e Lindembergue Cardoso.

A Funarte editou e mantém disponível em seu *site* alguns materiais originalmente escritos para coros, de coros infantis e adultos, com músicas populares e eruditas. Outra fonte excelente é a Fábrica de Arranjos, de Alexandre Zilahi. Ele mantém centenas de arranjos para diversos tipos de formação coral e estilos musicais, assim como níveis de dificuldade diversos, de arranjos fáceis até os mais avançados.

O *site* do Festival Internacional de Coros (FIC), organizado pelo maestro Lindomar Gomes, também reúne dezenas de arranjos apresentados nas edições do evento. Já o *site* Organizando a Cantoria, do maestro Eduardo Lakschevitz, disponibiliza arranjos e publicações corais. O *site* da maestra Patrícia Costa, por sua vez, divide o conteúdo em dez volumes de arranjos fáceis para coros.

Todos os *sites* mencionados (e outros que serão atualizados posteriormente) estão disponíveis para acesso pelo QR Code a seguir.

Figura 2.7 – *Sites* com arranjos e composições brasileiras para coros

▷▷ Resumo da ópera

Neste segundo capítulo, apresentamos um pouco mais da história da música, mas, desta vez, dando enfoque ao cenário brasileiro. Indicamos alguns dos principais compositores do período colonial e também discutimos formas de inserir um pouco da cultura indígena nas práticas corais.

Abordamos ainda a implementação do canto orfeônico, feita por Villa-Lobos no governo de Getúlio Vargas. Para finalizar, debatemos sobre o movimento e o cancioneiro popular do canto coral no Brasil e trouxemos diversos *links* para acesso aos repositórios mencionados.

Teste de som

1. A chegada dos portugueses ao Brasil aconteceu em 1500, porém, o processo de colonização se efetivou mais tarde, a partir de 1530, principalmente com a vinda dos jesuítas na metade do século. Observe as afirmações a seguir sobre as reduções jesuíticas.

    I) Para reagir à perda de fiéis por conta da Reforma Protestante, a Igreja Católica criou a Companhia de Jesus com o intuito de propagar a fé cristã pelo mundo.

    II) A música foi uma importante ferramenta para os jesuítas na catequização dos indígenas brasileiros.

    III) Os primeiros missionários chegaram na cidade de Piratininga em 1554 e fundaram o Colégio São Paulo.

    Agora, assinale a alternativa correta:

    a) Todas as afirmações são verdadeiras.
    b) As afirmações I e II são verdadeiras.
    c) Somente a afirmação II é verdadeira.
    d) As afirmações II e III são verdadeiras.
    e) Somente a afirmação I é verdadeira.

2. A chegada da família real portuguesa em 1808 promoveu profundas transformações na cultura da sociedade brasileira. Entre as novidades implementadas por D. João VI, destacam-se, na área de música:

   I) a fundação da Real Capela, em que aconteciam as celebrações religiosas oficiais da Coroa;
   II) a inauguração do Real Teatro de São João, em 1813;
   III) a "importação" de músicos instrumentistas e cantores de Lisboa para integrarem os grupos artísticos;
   IV) a criação do primeiro conservatório de música do Brasil, em 1815, com o objetivo de formar novos músicos.

   Agora, assinale a alternativa correta:

   a) Todas as afirmações são verdadeiras.
   b) As afirmações I e II são verdadeiras.
   c) As afirmações II, III e IV são verdadeiras.
   d) As afirmações I, III e IV são verdadeiras.
   e) As afirmações I, II e III são verdadeiras.

3. O *Guia prático*, escrito por Villa-Lobos em 1932, é um conjunto de 137 canções que foi usado como base para o ensino do canto orfeônico no Brasil. Sobre essa obra, assinale a alternativa **incorreta**:

   a) Sua principal finalidade era a educação artística e musical.
   b) As canções escolhidas eram canções infantis e cantigas de roda.
   c) Contém músicas *a cappella* para coro misto.
   d) Alguns arranjos foram feitos para piano e voz.
   e) Conta com músicas em uníssono, duas e três vozes, *a cappella* e com acompanhamento instrumental.

4. Sobre o movimento coral brasileiro, é correto afirmar:
   a) Sofreu fortes influências das culturas indígena e portuguesa.
   b) As canções escolhidas eram canções infantis e cantigas de roda.
   c) O auge do movimento coral se deu com o projeto de canto orfeônico de Villa-Lobos.
   d) É um movimento relativamente recente e ainda em construção.
   e) A maior parte dos corais necessita de treinamento musical prévio.

5. Sobre o cancioneiro popular brasileiro para coro, é correto afirmar:
   a) A maior parte das canções foi escrita ou adaptada para coros iniciantes.
   b) Samuel Kerr, Damiano Cozzella e Marcos Leite foram responsáveis pela introdução da música popular nos corais mais tradicionais.
   c) A maior parte do repertório do cancioneiro coral brasileiro vem da música popular e, portanto, são obras que não foram originalmente escritas para coro.
   d) As composições nacionais escritas originalmente para coro caíram em desuso na década de 1960.
   e) O grupo Garganta Profunda foi fundado por cantores profissionais que se dedicaram à execução de um repertório coral bastante eclético para a época.

Treinando o repertório

Questões para reflexão

1. É fato que, nas programações oficiais de grupos artísticos brasileiros, pouco se vê da música nacional, principalmente do período colonial. Como o movimento coral poderia ampliar o acesso às obras nacionais?

2. Quantas vezes você já cantou ou tocou um repertório inspirado em canções indígenas? Como podemos fazer para nos aproximarmos mais desse universo musical?

Atividade aplicada: prática

1. Após pesquisar os *sites* com repositórios de partituras mencionados neste capítulo, monte um repertório hipotético de 10 canções/obras brasileiras com as seguintes características:
   a) música do período colonial;
   b) música do início do século XX;
   c) obras de Villa-Lobos;
   d) três arranjos de músicas populares, sendo que um deles deve ser obrigatoriamente de uma música da Região Nordeste;
   e) músicas de livre escolha.

   Lembre-se de considerar os níveis de dificuldade de cada peça, procurando um equilíbrio para seu coro.

Capítulo 3
O APARELHO FONADOR E AS DIFERENÇAS ENTRE AS VOZES FALADA E CANTADA

Neste capítulo, abordaremos um conhecimento muito importante para o regente coral: o aparelho fonador e as principais diferenças entre as vozes cantada e falada. Com a compreensão de seu funcionamento, será possível avaliar melhor as vozes dos cantores, além de adequar, adaptar e, até mesmo, criar exercícios vocais para melhorar a *performance* do coral.

Apresentaremos a musculatura intrínseca da laringe, com exemplos de cantores conhecidos do público e alguns exercícios que podem ser feitos tanto pelo regente quanto pelo próprio coral.

Além disso, analisaremos a acústica vocal, abordando, por exemplo, fluxo do ar, controle fonatório, exercícios com a voz falada e dicas sobre uso de algumas tecnologias que podem auxiliar o regente nessa jornada de aprendizagem.

3.1 Anatomia do aparelho fonador

A voz humana tem origem no córtex cerebral, uma das áreas mais importantes do sistema nervoso central, compondo cerca de 80% da massa total do cérebro. Ao longo da evolução humana, nosso corpo foi se adaptando à necessidade de comunicação, tão essencial para o desenvolvimento do aparelho fonador como o conhecemos atualmente, assim como para nossa própria evolução como espécie (Pinho; Korn; Pontes, 2014; Henrique, 2016).

É interessante salientar que nenhum dos órgãos que utilizamos para a produção da voz, da fala ou do canto existe exclusivamente para esse fim. A língua, por exemplo, também faz parte do sistema digestório; o diafragma, do sistema respiratório; a própria prega vocal protege os pulmões ao evitar que alimentos ou líquidos caiam na traqueia quando a epiglote apresenta um mau funcionamento, e assim por diante.

Em alto e bom som

É importante destacar a diferença entre *emissão da voz*, *produção da fala* e *canto*. A voz é um sinal sonoro, emitido pela laringe. A fala e o canto, por sua vez, foram desenvolvidos pelo homem para se comunicar e se expressar.

A fala e o canto como meios de expressão da comunicação humana são uma ferramenta por meio da qual acontecem as trocas entre o indivíduo e seu meio social/cultural, como afirma Scherer (2010, p. 253): "A linguagem tem sido, ao longo da história da civilização, a melhor via de decodificação do mundo, portanto, antes de comunicar ideias e sentimentos ela forma e organiza o pensamento".

O aparelho fonador é composto por outros três grandes sistemas: respiratório, fonatório e articulatório. Juntos, são responsáveis pela produção do som da fala humana. Na literatura especializada, é comum encontrarmos o termo *trato vocal*, que compreende os órgãos da laringe, articuladores e as cavidades bucal, oral, faríngea e nasofaríngea, ou seja, da prega vocal até os lábios, passando por todas as cavidades (Rubim, 2019).

Apesar de dividirmos o aparelho fonador em três sistemas, é importante percebermos que existe uma correlação profunda entre eles. Quando cantamos, utilizamos todo o aparelho fonador, considerando todas as inter-relações entre os órgãos e seus respectivos funcionamentos. Cada um desses sistemas é composto da seguinte forma:

- **Sistema respiratório**: Compreende pulmões, brônquios, traqueia e diafragma.
- **Sistema fonatório**: É formado pela própria laringe. Nesse órgão, podemos encontrar uma série de músculos e cartilagens responsáveis pela fonação, os quais apresentaremos mais adiante. Uma das funções da laringe é a proteção do aparelho respiratório, evitando que o alimento ingerido entre pela traqueia e chegue aos pulmões.
- **Sistema articulatório**: É composto por nariz, lábios, dentes, palato mole, palato duro, língua e faringe. É responsável por diversas funções importantes, algumas vinculadas ao ato de comer, como morder, sugar, engolir e mastigar. No canto e na fala, é responsável por articular vogais e consoantes, dando inteligibilidade ao som fundamental produzido pela laringe.

Mais adiante, trataremos do impacto do sistema articulatório especificamente na voz cantada. Mediante a análise de como os articuladores ativos e passivos se comportam, será possível esclarecer como usar esse sistema a nosso favor durante o canto, assim como os formantes no caso da emissão das vogais. Tudo isso facilitará a compreensão do porquê de alguns exercícios de canto serem da forma como são, permitindo que você possa criar seus próprios *vocalises*.

Neste momento, vamos dar enfoque ao aprendizado da anatomia e do funcionamento de cada parte do aparelho fonador.

3.1.1 Sistema respiratório

No estudo do canto, sempre ouvimos falar da importância da respiração correta ou de "usar o diafragma", "abrir a costela". Para entendermos como isso funciona na prática e quais são as alterações feitas pelos cantores durante o canto, é fundamental conhecermos quais são e como funcionam as estruturas do sistema respiratório.

O ar entra em nosso corpo pelo nariz ou pela boca, passa pela traqueia e chega até os pulmões. É bem interessante entendermos esse processo para o canto, pois o nariz filtra o ar, ao passo que a respiração bucal pode ressecar as pregas vocais. Em contrapartida, a respiração bucal propicia uma entrada maior de ar em um curto espaço de tempo e, às vezes, isso é necessário no ato de cantar. Portanto, os cantores devem perceber que tipo de respiração cada momento requer.

Figura 3.1 – Aparelho fonador

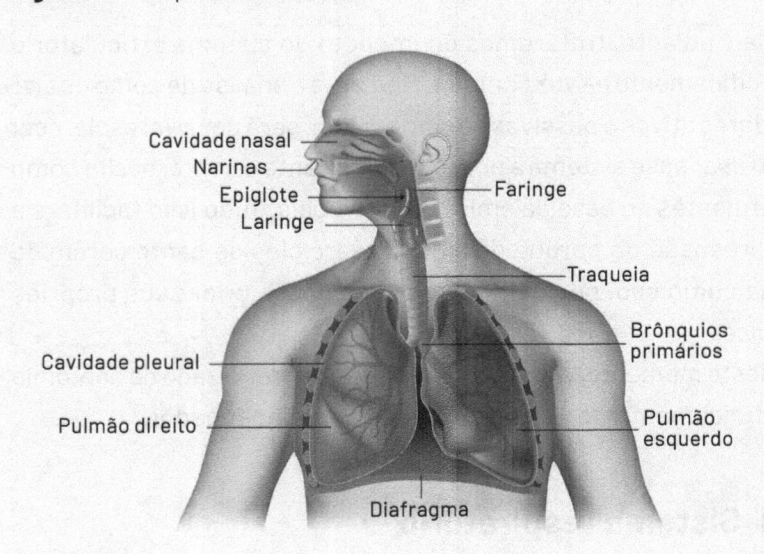

- Cavidade nasal
- Narinas
- Epiglote
- Laringe
- Faringe
- Traqueia
- Brônquios primários
- Cavidade pleural
- Pulmão direito
- Pulmão esquerdo
- Diafragma

Alila Medical Media/Shutterstock

No esquema da Figura 3.1, podemos visualizar o caminho que o ar percorre até chegar aos nossos pulmões. No dia a dia do canto coral, muitas vezes, os exercícios respiratórios acabam ficando um pouco de lado ou, até mesmo, desconectados do repertório. Vamos trabalhar alguns exercícios agora para colocar esse conhecimento em prática!

Qual a diferença entre respirar pelo nariz e pela boca?

Esse é um exercício que busca desenvolver a propriocepção, ou seja, a capacidade que temos de perceber o nosso corpo. É muito importante trabalhar essa sensibilização com os coralistas, pois facilita a aplicação de exercícios vocais mais complexos, com maior consciência, com o passar do tempo. Faça o que é pedido a seguir.

- Respire rapidamente pelo nariz.
- Respire rapidamente pela boca.
- Perceba: Qual das duas respirações foi capaz de trazer mais ar para seus pulmões?
- Respire lentamente pelo nariz.
- Respire lentamente pela boca.
- Perceba: Qual das duas respirações trouxe a sensação de gelado na garganta?

Se o seu coral já está trabalhando algum repertório, que tal pedir para que as pessoas identifiquem quais respirações estão fazendo? É possível trocar a respiração? Coloque-os em uma postura mais ativa na execução musical e técnica das obras que cantam!

Os próprios naipes podem analisar a partitura ou a canção (quando não há uso de partitura) e debaterem sobre como respirar e qual tipo de respiração utilizar, como em um acordo coletivo. Nessa dinâmica, o coro é dividido em naipes, que discutem, decidem e apresentam suas colocações para os demais. O regente pode interferir com seu conhecimento técnico e abordar possíveis erros de interpretação dos cantores quanto à aplicação da respiração na obra. Experimente delegar essa função para os cantores.

Para finalizar a dinâmica, peça que cada naipe demonstre aos demais colegas do coro as respirações nos trechos escolhidos. Para ampliar a experiência, pode-se solicitar que dois grupos cantem juntos e tentem perceber o efeito da respiração escolhida no resultado. Claro que essa dinâmica pode acontecer entre todos os naipes, a cada dois, três, até chegar ao coral completo.

Treinar a respiração no repertório permite que o coralista perceba que a respiração em determinado local e a forma de se respirar é uma escolha consciente, que tem aspectos, muitas vezes, interpretativos e treináveis, ou seja, trata-se de uma habilidade a ser desenvolvida ao longo do tempo.

Outro exercício que costuma ser feito com coros é o de se respirar em um intervalo determinado de segundos, segurar pelo mesmo tempo e soltar lentamente com o som de S. Isso pode se tornar uma verdadeira disputa entre os coralistas, que gostam de exibir o melhor tempo, ficando mais de um minuto com o som sibilante. Contudo, esse exercício, se feito de forma equivocada, pode condicionar o cantor a usar a força da laringe para sustentar sua fonação. Muitas vezes, o regente não percebe que o coralista que fica muito tempo sustentando o som de S está, na verdade, apoiando a sustentação na própria prega vocal, e não na musculatura costodiafragmática abdominal.

Um jeito interessante de descobrir se você e/ou seu coralista está fazendo esse exercício da maneira correta é ouvir o som que acontece logo após segurar a respiração. Se, ao soltar o ar, você ouvir apenas o som do ar passando pela sua garganta, seu controle respiratório está acontecendo por meio da musculatura costodiafragmática abdominal. No entanto, se ao soltar o ar você ouvir um "golpe" – chamado *golpe de glote* –, é porque o apoio respiratório está sendo realizado pelo fechamento da prega vocal, que está controlando a quantidade de ar que passa. Para se tornar efetivo, não use o S sibilante para fazer esse exercício; apenas solte o ar com a boca aberta, como em um suspiro.

3.1.2 Sistema fonatório

Para entender o sistema fonatório, é preciso estudar a musculatura intrínseca e extrínseca da laringe. É fundamental que os regentes corais conheçam as possibilidades musculares da laringe para que saibam como e por que aplicar determinado exercício vocal com o coro.

> **Experiência da autora**
>
> Por muitos anos, repeti exercícios vocais sem entender ao certo suas funções e seus objetivos. Conheci regentes ao longo da minha trajetória que não faziam trabalho de técnica vocal com seus corais por desconhecerem o assunto. Hoje, francamente, não acho que

estavam errados por isso. Fazer um exercício vocal para "cumprir tabela" realmente pode ter até um efeito contrário.

Claro que é importantíssimo estudar o assunto e, dessa maneira, aproveitar ao máximo a potencialidade do material humano que temos nos coros que regemos. Sem falar da responsabilidade que é lidar com a voz de outra pessoa. Por isso, estudar a musculatura da laringe é fundamental para todo profissional que trabalha com voz.

Sugestão de exercício

Em frente ao espelho, coloque suavemente a mão no seu pescoço. Em seguida, engula a saliva. Perceba qual é o movimento que acontece. Tire a mão do pescoço e repita. Consegue notar que a laringe sobe quando engolimos algo? Esse movimento de subida corresponde ao ajuste feito entre a laringe e a epiglote para fechar a passagem da traqueia, que faz com que a comida seja corretamente direcionada para o esôfago.

Esse exercício pode ser feito com os coralistas para que comecem a ter mais consciência da própria laringe. Na falta de um espelho durante o ensaio, é possível trabalhar em duplas: um colega poderá visualizar o levantamento da laringe do outro.

É importante propiciar momentos para aumentar a propriocepção corporal dos cantores, para mais tarde poder inserir outros exercícios e conectar esse fortalecimento muscular ao cantar propriamente dito.

3.1.2.1 Musculatura intrínseca da laringe

Apresentaremos a seguir, de maneira mais detalhada, os principais músculos intrínsecos da laringe, suas dinâmicas e sua responsabilidade no processo de fonação. Essa musculatura atua diretamente no controle de ajustes vocais, e os músculos são divididos em três categorias: abdutores, adutores e tensores. Eles controlam a frequência e a intensidade vocal, pois alteram a quantidade de massa e a tensão das pregas vocais, assim como as variações da pressão subglótica.

Músculo cricoaritenoideo posterior (CAP)

Essa musculatura atua durante a respiração. São músculos abdutores, ou seja, promovem a abertura das pregas vocais (Pinho; Korn; Pontes, 2014). Ainda que atuem predominantemente como musculatura abdutora, sua funcionalidade também é ativada durante a fonação. Eles acabam, assim, ajudando na estabilidade da prega vocal.

Para estimular o uso e o fortalecimento dessa musculatura, exercícios de respiração são mais indicados, como no seguinte exemplo:

1. inspire rapidamente, de forma profunda;
2. expire o ar imediatamente e engula a saliva na sequência.

Esse tipo de exercício se justifica porque esses músculos apresentam um estado de maior relaxamento ao final da expiração. Além disso, durante a deglutição, permitem que a cartilagem aritenoidea seja puxada em direção à base da língua enquanto a adução é realizada novamente (Pinho; Korn; Pontes, 2014).

Músculo cricoaritenoideo lateral (CAL)

O cricoaritenoideo lateral tem formato retangular. São músculos que vão da margem superior da cartilagem cricoidea até as cartilagens aritenoideas. O CAL é o principal músculo adutor, que fecha a glote ao ser contraído.

De acordo com Pinho, Korn e Pontes (2014, p. 46), "além de aduzir a região dos processos vocais, a atividade dos músculos CAL também influencia moderadamente o controle de registros, de f0[1] e da intensidade vocal".

Alguns estudos apontam que a estimulação concomitante do CAL e dos músculos aritenoideos (AA) pode aumentar a pressão subglótica (Araújo, 2013).

Acesse o vídeo disponível no QR Code a seguir para visualizar a ação do CAL no fechamento glótico em uma laringe real.

Figura 3.2 – QR Code: dinâmica muscular do CAL

...
1   "A frequência fundamental da voz – conhecida também pela sigla *f0* – é o menor componente periódico resultante da vibração das pregas vocais. É a primeira frequência produzida na glote. Na voz, a *f0* indica tanto as variações de altura (sons agudos ou graves) como as de intensidade (sons fortes ou fracos)" (Kremer; Gomes, 2014, p. 30).

Músculo tireoaritenoideo (TA)

De acordo com Pinho, Korn e Pontes (2014, p. 47), "a principal função dos músculos TA é regular a tensão longitudinal da superfície mucosa das pregas vocais, quando não sofre a oposição dos demais intrínsecos". São músculos pares que atuam tanto na adução quanto na abdução das pregas vocais.

O TA é um músculo único, mas particionado em TA **externo** e **interno** – o externo é adutor, ou seja, responsável pelo fechamento da prega vocal, ao passo que o interno é abdutor, responsável pela abertura da prega vocal. Vale ressaltar que também é um músculo fatigável, em razão da grande quantidade de fibras brancas que detém.

O TA é responsável, em grande medida, pela alteração da frequência vocal, principalmente na região de fala da nossa voz. O músculo cricotireoideo (CT), o qual abordaremos mais adiante, também é responsável por alterações na frequência, mas em regiões mais agudas da voz. Os dois músculos, TA e CT, regulam a tensão longitudinal das pregas vocais, de maneiras distintas e em regiões diferentes da nossa voz.

De acordo com Pinho, Korn e Pontes (2014), o TA é responsável por alterar fenômenos das pregas vocais das seguintes formas: encurtamento da prega vocal, mudança de forma (como no caso de uma fenda médio-posterior, na qual a adução da prega acontece somente no terço médio, causando soprosidade na voz) e mudança de tensão longitudinal em áreas diferentes do músculo.

É pelo estudo das características do TA e do CT e suas inter-relações que temos os registros vocais, assunto muitas vezes confundido com ressonância vocal. O estudo do TA e do CT, na verdade, trata de comportamentos da musculatura laríngea que causam alterações na onda da mucosa e, por consequência, alteração na característica do som emitido por cantores.

Talvez uma das melhores formas de introduzir o assunto sobre musculatura para cantores seja explorar a quebra vocal na voz cantada ou falada, pois, durante a quebra, fica evidente a mudança do mecanismo muscular utilizado. Assim, saímos de um mundo abstrato e técnico para algo mais palpável e audível, como a quebra da voz.

Utilizando a escala de Dó Maior, é possível solicitar aos cantores que comecem cantando com a voz "forte" (mais pesada) e subam a escala mantendo essa voz. A musculatura provavelmente não irá aguentar manter essa intensidade nas notas mais agudas e haverá uma quebra, uma mudança abrupta na qualidade vocal.

Em um primeiro momento, peça para que um cantor faça a experiência na frente do coro; depois, solicite aos outros que experimentem também. A quebra vocal poderá variar entre os cantores, e alguns poderão, sem perceber, evitar essa troca abrupta da musculatura ao fazer a transição, alterando a predominância do TA para o CT.

Figura 3.3 – Escala de Dó Maior para exercício de quebra vocal

No caso da escala da Figura 3.3, a quebra vocal em uma soprano provavelmente acontecerá na nota Lá. Esses locais em que a voz costuma "quebrar" são conhecidos como **região de passagem**. Isso

significa que, nessa nota, ou próximo a ela, o cantor precisa ajustar a predominância da musculatura a fim de evitar que a qualidade sonora de sua voz seja alterada abruptamente. Existem técnicas que se utilizam dessa quebra vocal, como o *yodel*, cuja principal característica é a alternância rápida entre voz de cabeça e voz de peito.

É possível encontrar cantores do cenário *pop* e de outros estilos que se utilizam da quebra vocal como recurso interpretativo. É o caso da cantora britânica Dido. Em uma de suas músicas mais famosas, *Thank you*, ela utiliza esse recurso, que pode ser facilmente reconhecido no refrão. A cantora estadunidense LeAnn Rimes, na música *Blue*, também aproveita as quebras vocais como recurso interpretativo. Acesse os vídeos desses exemplos citados no QR Code a seguir.

Figura 3.4 – QR Code: Exemplos de quebra vocal como recurso interpretativo

É importante perceber que, em algumas técnicas, como o canto lírico, a quebra vocal deve ser controlada e não pode ficar evidente, enquanto em outras esse recurso será muito bem-vindo.

No Capítulo 4, trataremos especificamente de cada registro. Nesta seção, focaremos na anatomia e na fisiologia da laringe.

Músculo cricotireoideo (CT)

De acordo com Pinho, Korn e Pontes (2014, p. 55): "Os músculos CT são os tensores responsáveis pelo alongamento das pregas vocais, e, portanto, dos músculos TA durante a emissão de tons agudos". A contração do CT é responsável pelo controle da frequência e influencia diretamente a pressão subglótica. Quando contraímos essa musculatura, estamos alterando a margem livre das pregas vocais, reduzindo a massa mucosa que fica solta para vibrar. Juntamente com o TA, o CT é responsável pela definição de registros vocais, que serão detalhados mais adiante neste livro.

O CT é o maior responsável pela voz de cabeça, ou seja, há uma predominância dessa musculatura nesse registro vocal. No entanto, a maior parte das pessoas não usa a voz de cabeça com frequência. Geralmente, falamos com o registro de voz de peito, e a voz de cabeça aparece quando precisamos alterar a nossa voz para a região aguda, nos casos em que, por exemplo, imitamos a voz de uma criança, deixando a voz mais suave, aguda e, até mesmo, frágil. A voz do Mickey Mouse é bem característica do uso predominante do CT na voz. Experimente imitá-la!

É possível que alguns cantores apresentem dificuldade para atingir notas agudas, pois sobem com a musculatura mais densa (predominância de TA) por estarem habituados a utilizá-la em seu cotidiano.

Exercícios com a pronúncia de U ou BR ajudam a encontrar a voz de cabeça. A dica é sair do agudo para o grave, com intervalos maiores, por exemplo, uma quinta justa. Quando começamos o exercício, geralmente cantamos em num registro misto, ou até mesmo com voz de peito, mas, conforme a altura vai aumentando, precisamos ajustar a musculatura para cantarmos a primeira nota.

Na região de passagem, pode acontecer uma quebra vocal, e não tem problema. É importante sinalizar ao cantor que é exatamente nesse ponto que o nosso corpo está sinalizando que precisamos fazer ajustes se quisermos continuar subindo na escala.

Figura 3.5 – Proposta de exercício para equilibrar o uso do CT e do TA na região mais grave da voz (região de uma soprano)

Esse ajuste deixará a voz mais leve, mais suave. Na Figura 3.5, note que o glissando entra no exercício para ajudar na manutenção do uso do CT durante a descida, quando geralmente cantamos com predominância do TA. Usamos o CT ainda quando vamos parabenizar alguém, dando aquele gritinho de "Uhul!".

3.1.2.2 Musculatura extrínseca da laringe

De toda a musculatura extrínseca da laringe, vamos nos ater ao músculo esternotireoideo (ET).

O ET é um músculo de importante participação durante a inspiração e acaba por controlar o abaixamento de laringe. Ressaltamos que praticamente todos os movimentos feitos pela laringe são para que ela suba, como quando engolimos algo. Essa subida acontece para que a epiglote se encaixe e permite que o alimento seja direcionado para o esôfago, e não para a traqueia. O fortalecimento do ET traz ao cantor maior controle para o abaixamento da laringe, algo essencial para controlar fatores de registro e também de ressonância vocal. A estabilidade da laringe é imprescindível para qualquer profissional da voz.

Um dos exercícios mais indicados para fortalecer o ET chama-se *espaguete*. Trata-se de imitar uma pessoa sugando um espaguete único pela boca. Ao fazermos esse exercício de frente para um espelho, é possível notarmos o abaixamento da laringe. Apenas é necessário tomar cuidado para que, na ânsia de ter um abaixamento laríngeo eficiente em menos tempo, não provoquemos um falso abaixamento utilizando a base da língua.

Recomendamos posicionar a ponta da língua logo atrás dos dentes incisivos inferiores para garantir que a laringe não seja empurrada com a língua durante esse exercício. Portanto, perceba se sua língua se mantém em uma posição natural, sem forçar o abaixamento da laringe.

Figura 3.6 – Exercício do espaguete: laringe normal à esquerda e laringe mais baixa à direita

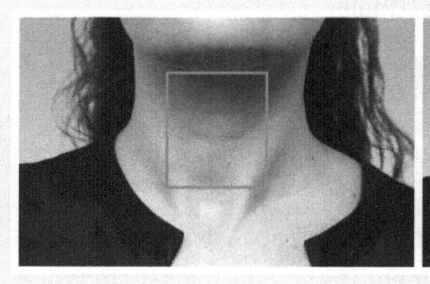

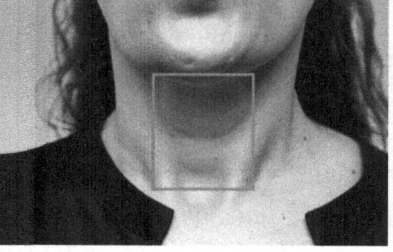

Alexandre Battini

Na Figura 3.6, temos a laringe em seu estado natural (à esquerda) e o espaguete sendo feito (à direita). A sucção do ar faz com que o ET abaixe a laringe. Ao comparar as duas fotos, é possível perceber a diferença de altura da laringe em cada posição.

3.1.3 Sistema articulatório

Compreender o sistema articulatório é fundamental para todos aqueles que pretendem desenvolver um trabalho técnico vocal de qualidade. Isso permite escolher e até mesmo criar exercícios vocais com propósitos claros e totalmente relacionados às necessidades técnicas do coro.

O sistema articulatório, entre diversas funções, é o responsável por tornar inteligível o som que produzimos, vozeados ou não. Ele é composto por lábios, dentes, palato, úvula, língua, nariz e faringe.

Na fonética articulatória, estudamos a produção do som de duas formas: lugar de articulação e modo de articulação. Na língua portuguesa, existem oito lugares de articulação, quais sejam: bilabial, labiodental, alveolar, alveopalatal, alveolar, palatal, velar e glotal. Quanto ao modo de articulação, também são oito: oclusivo, nasal, fricativo, africado, tepe, vibrante, retroflexo e lateral.

3.1.3.1 Articulação das consoantes

Em toda articulação, existem os articuladores ativos e os passivos. Vamos abordar cada tipo de articulação e seus articuladores no quadro a seguir. Uma sugestão: fale as palavras dadas como exemplo e tente perceber o local em que ocorre a articulação.

Quadro 3.1 – Local de articulação das consoantes

Articulação	Exemplos de palavras e seus articuladores, com dicas de exercícios e considerações
Bilabial	O articulador ativo é o lábio inferior; o articulador passivo é o lábio superior. Palavras: **p**é, **b**icho, **m**ãe. Perceba que a pressão maior é no lábio inferior.
Labiodental	O articulador ativo é o lábio inferior; o articulador passivo são os dentes incisivos. Palavras: **f**erro, **v**aca. Repita "F V F V F V" e perceba que, no V, *há presença de som da prega vocal*.
Dental	O articulador ativo pode ser tanto o ápice quanto a lâmina da língua; o articulador passivo são os dentes incisivos superiores. Palavras: **d**ei**t**ar, **t**oma**t**e. Fale estas consoantes e perceba como a diferença parece muito sutil dentro da nossa boca: "D T D T D T D T".
Alveolar	O articulador ativo pode ser tanto o ápice quanto a lâmina da língua; o articulador passivo são os alvéolos. Palavras: **z**ero, **n**avio, **l**imão, **s**apato. As consoantes Z e S são "primas". Apenas o vozeamento é que difere entre elas. Faça um S contínuo e mude, sem interromper o som, para o Z. Assim, fica fácil perceber a presença da prega vocal na produção do Z. O L e o N também apresentam diferenças na forma da língua. Experimente falar repetidamente: "LANA LANA LANA LANA…". Perceba a diferença entre a forma da língua na produção das duas consoantes, ainda que sejam da mesma categoria.

(continua)

(Quadro 3.1 - conclusão)

Articulação	Exemplos de palavras e seus articuladores, com dicas de exercícios e considerações
Alveopalatal	O articulador ativo é a parte anterior da língua; o articulador passivo é a parte medial do palato duro. Palavras: **j**aca, **ch**á, **t**ia, **tch**au. Perceba como o local do J e do CH (ou G e X) é o mesmo, ocorrendo apenas o vozeamento no fonema do J.
Palatal	O articulador ativo é a parte média da língua; o articulador passivo é a parte final do palato duro. Palavras: ma**nh**ã, mi**lh**o. Fale LHA, LHE, LHI, LHO, LHU e perceba o ponto em que a sua língua encosta no céu da boca. Esse lugar é o final do palato duro. Agora pronuncie *malha* e *manhã* e veja a sutil diferença entre as duas palavras.
Velar	O articulador ativo é a parte posterior da língua; o articulador passivo é a parte final do palato mole. Palavras: **c**ota, **g**oma, ma**rr**a, **r**ato. O R brasileiro é bastante diversificado em sua pronúncia. Existe o R da palavra *brincadeira*, por exemplo, que é pronunciado completamente diferente de *mar* ou *amarrar*. O R carioca não se compara ao R do interior do Estado do Paraná. No canto coral, em um grupo heterogêneo, às vezes, será necessário escolher um padrão de R para homogeneizar a sonoridade do grupo. Mesmo que quase imperceptíveis, há diferenças de pronúncia de determinadas consoantes que influenciam a qualidade sonora do grupo. É preciso estar atento.

Fonte: Elaborado com base em Silva, 1999.

Agora, vamos tratar do modo de articulação das consoantes, que define a maneira como o ar passa pelo trato vocal, ou seja, onde a corrente de ar é articulada.

Quadro 3.2 – Modo de articulação das consoantes

Articulação	Exemplos e seus articuladores
Oclusiva	Os articuladores obstruem completamente a passagem do ar através da boca. O palato mole está levantado e o ar vai direto para a cavidade oral. Exemplos: P, T, K/C, B, D, G.
Nasal	Os articuladores obstruem completamente a passagem do ar através da boca. O palato mole está abaixado e o ar vai direto para a cavidade nasal e oral. Exemplos: M, N, NH.
Fricativa	Os articuladores produzem uma fricção quando o ar passa, mas não obstruem a passagem de ar de forma completa. Exemplos: F, V, S, Z, CH/X, J, R carioca.
Africada	É uma mistura de articulação oclusiva com fricativa, pois há uma interrupção momentânea do som no mesmo local em que ocorre o som da articulação fricativa. Exemplos: T (como em *tchau*) e D (pronunciando-se *djia*).
Tepe	O articulador causa uma breve obstrução na passagem de ar. Exemplos: R nas palavras *cara*, *brava*, *brincadeira*.
Vibrante	O articulador ativo toca rapidamente várias vezes o articulador passivo, causando uma vibração. Exemplos: Encontramos esse som quando tentamos imitar o som de uma pomba (PRRRRRU) ou quando uma criança brinca de carrinho ou de avião e faz o som de "BRRRRU" com a boca. Vale ressaltar que a vibrante aqui é a consoante R, que independe do som que a antecede, podendo ser P, T, B (as mais comuns nos *vocalises*).
Retroflexa	O articulador ativo é a ponta da língua; o articulador passivo é o palato duro. Exemplos: R "caipira" – quando é "puxado", como nas palavras *carta*, *mar*.
Lateral	O articulador ativo é a ponta da língua, que toca o articulador passivo (alvéolos ou palato duro). Esse toque irá obstruir a passagem do ar, fazendo com que o som seja expelido pela saída lateral. Exemplos: **L**á, ma**lh**a.

Fonte: Elaborado com base em Silva, 1999.

> **Experiência da autora**
>
> Quando comecei a reger, eu repetia exercícios vocais de quando eu cantava em coro, como o exercício a seguir.

Figura 3.7 – Exercício articulatório

```
Zi - u   Zi - u   Zi - u   Zi - u   Zi
```

> Esse *vocalise* é bastante utilizado no bel canto, técnica vocal de origem europeia empregada no canto lírico. No entanto, eu não fazia ideia do porquê ele era usado. Confesso que, por um bom tempo, eu sequer me perguntava o motivo, apenas replicava.
>
> Quando comecei a estudar canto, despertou meu interesse sobre o assunto e encontrei na fonética um caminho para não somente entender os porquês dos exercícios tradicionais, mas também para criar meus próprios *vocalises*.

Portanto, a fonética articulatória é um excelente aliado do regente coral. No exercício anterior, entre diversos fatores a serem observados (sequência de grau conjunto em movimento ascendente e descendente, com articulação em legato, como geralmente é realizado, ressonância etc.), notamos que a escolha das consoantes e das vogais indicam o caminho a ser desenvolvido pelo cantor.

O fonema Z tem um lugar frontal de articulação, pois é **dental**, com som vozeado (presença de adução das pregas vocais). Existe um controle do ataque para que esse som de Z saia com a pressão adequada. A presença das vogais I e U (que veremos mais adiante) indica que o som deverá ter brilho (vogal I) e fundo/espaço (vogal U), mas também projeção (consoante Z).

Se, no lugar do Z, o regente colocar S, perderá a adução das pregas vocais, e isso atrapalhará a execução do exercício com uma articulação ligada, sem interrupção do som. Experimente fazer esse exercício com SIU (*ciu*) no lugar de ZIU. É muito mais difícil manter um legato dessa forma.

Outro exemplo seria trocar o ZIU por NHIU. Nesse caso, a articulação do NH se dá no contato do palato duro com a parte média da língua. O som é produzido mais "para trás" da boca do cantor e se torna automaticamente mais nasal, por conta do local de articulação do NH. Se o intuito do regente for trabalhar a ressonância nesse local, o NH será melhor que o Z.

O principal ponto aqui é entender que, em conjunto com outros detalhes, os exercícios vocais precisam ser compreendidos no todo, incluindo os pontos de articulação. Então, ao escolher um *vocalise* para seu coro, pergunte-se: Qual característica vocal eu gostaria de desenvolver nessa música? Quais exercícios me farão atingir esse objetivo? Quais são as necessidades técnicas que meus coralistas têm? A articulação deles é consciente? Eles têm noção de como pronunciam as palavras e da precisão de sua articulação? Estou trabalhando em todos os grupos articulatórios quando planejo a técnica vocal do meu grupo?

Outras perguntas que devemos fazer ao olhar o repertório: Essa canção tem muita sibilância? De que adianta trabalhar um MEI MAI MEI, como mostrado na Figura 3.8, se a canção é muito sibilante? O que quero com um exercício que treina outro articulador em vez daquele necessário para melhorar a articulação do meu coro? Nesse sentido, é interessante manter um espectro amplo de exercícios para que diversas habilidades sejam desenvolvidas.

Figura 3.8 – Exercício de projeção

```
Mei    Mai    Mei    Mai    Mei
```

O M é uma consoante bilabial comumente utilizada para desenvolver a projeção vocal no que costumamos chamar de *máscara*. Ao encostarmos os lábios para produzirmos o som do M, estamos vibrando as pregas vocais ao mesmo tempo que direcionamos o som para a boca.

Na sequência do exercício da Figura 3.8, os encontros vocálicos de EI e AI se alternam com o objetivo de fazer o cantor manter a projeção vocal no mesmo lugar (do M), apesar da mudança de forma da boca que as vogais provocam. Além disso, o som do A é mais aberto que o som do E e do I, então, outro intuito do exercício é trabalhar a homogeneização das vocais.

Mais um fator a ser observado é que o exercício emprega saltos de terça para sua execução, exigindo maior controle do cantor tanto com relação ao ataque da nota quanto à precisão da altura entoada.

3.1.3.2 Articulação das vogais

Se as consoantes dão estrutura para a emissão vocal, as vogais dão corpo a nossa voz. É com base nas características das vogais que vamos aprender, posteriormente neste livro, sobre formantes e, especificamente, sobre o formante do cantor. De fato, esse estudo é fundamental para a compreensão e a aplicação correta dos *vocalises*.

O cantor faz modificações nas vogais para cantar em determinadas regiões e alterar, por exemplo, a cor da sua voz. A produção das vogais é completamente diferente das consoantes. Não definimos vogais pelo lugar ou modo de articulação, como acontece nas consoantes, pois não existe obstrução do ar para que haja alguma definição articulatória do som.

As características que devemos levar em consideração quando vamos descrever as vogais são:

- **altura da língua**: movimento vertical da língua;
- **anterioridade/posterioridade da língua**: movimento horizontal da língua;
- **arredondamento dos lábios**: lábios arredondados ou estendidos;
- **levantamento/abaixamento do palato mole**: oralidade ou nasalidade do som;
- **tensão**: esforço muscular necessário para a produção das vogais.

Na escola, aprendemos que as vogais são: A, E, I, O, U. Porém, no português, temos mais sons vocálicos, como A, Ê, É, I, Ó, Ô, U, e praticamente todos os sons nasais dessas vogais mencionadas.

Em frente a um espelho, abra a boca e fale a vogal A. Verifique o formato da sua boca. Como ela se abre para fazer esse som? Perceba o formato que sua língua faz quando o A é falado.

Agora, mude a vogal para E. O formato da sua boca ficou igual ao formato do A? Sua língua permaneceu da mesma forma? Não!

Em seguida, fale de maneira sustentada o A e tente mudar, sem interromper o fluxo do som, para o E, sem alterar a forma da sua boca ou sua língua. Em frente ao espelho, fica muito claro que não conseguimos fazer nenhuma alteração sem modificar a ação dos articuladores. Ou seja, para que o E tenha som de E, precisamos alterar a posição da língua.

Por fim, fale a vogal I. Perceba como a língua se levanta muito para que esse som seja produzido. Com um pequeno espelho perto de sua boca, faça o *vocalise* a seguir e note as alterações na altura da língua. Tente cantar o mais legato possível.

Na Figura 3.9, há um exemplo de troca de vogais mantendo a mesma nota. Para realizá-lo, o cantor precisa trocar as vogais sustentando esse fluxo da nota emitida.

Figura 3.9 – Exercício de percepção das estruturas internas que caracterizam as vogais I, Ê e É

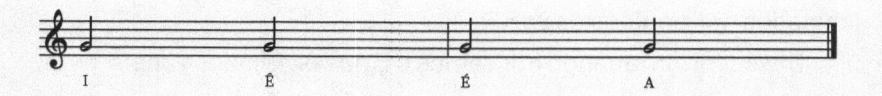

Na Figura 3.10, perceba como fica a posição da língua e do palato mole do exercício proposto: o I tem a língua mais alta entre as quatro vogais; a língua irá terminar na posição mais baixa na vogal A.

Figura 3.10 – Posição da língua nas vogais I, Ê, É e A

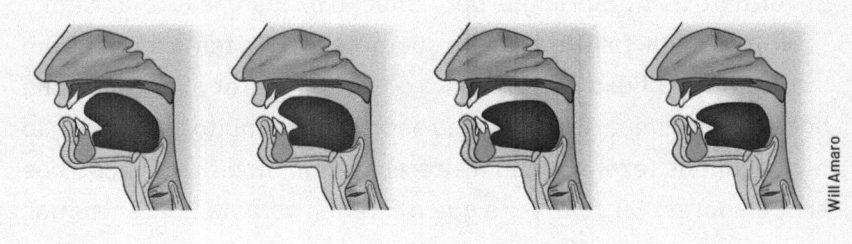

Will Amaro

Por sua posição mais alta, o I é geralmente utilizado para dar mais brilho à voz, pois seu formante destaca as frequências mais agudas. Fazendo um exercício simples, podemos perceber essa diferença entre harmônicos que ficam evidenciados entre as vogais I e U.

Em uma região confortável da sua voz, cante uma nota mantendo a vogal U de maneira contínua. Aos poucos e sem interrupção, vá modificando o U para a vogal I. Você irá perceber que, além da mudança na altura da língua e no formato de sua boca, o som parece mudar. Mesmo estando na mesma nota, o I irá parecer mais agudo que o U. Isso acontece por causa da diferença entre os formantes das vogais, que são espaços de ressonância que destacam determinados harmônicos da voz.

Dessa forma, quando utilizamos o U nos exercícios vocais, estamos privilegiando uma cor de voz mais "escura" e mais "aveludada" do que quando optamos pelo brilho da vogal I.

Nesse exercício, é bem provável que você escute um terceiro som surgindo entre a mudança do U para o I. Esse som é um harmônico. Essa técnica é utilizada no *overtone singing*.

O som das vogais é assim porque elas têm uma espécie de assinatura de frequência, que independe da altura em que são cantadas ou faladas. Cada vogal tem a própria configuração de cavidade de ressonância, o que garante seu som característico. No canto, podemos empregar esse conhecimento para alterar a qualidade vocal do grupo, utilizando o que chamamos de *formante do cantor*, que veremos mais adiante.

3.2 Por que as pregas vocais vibram?

Tratando-se de fisiologia vocal, as pregas vibram quando, suficientemente fechadas, sofrem a pressão do ar saindo do pulmão. É interessante percebermos como as áreas da física e da fisiologia unem-se para entendermos melhor o funcionamento da voz humana.

Um dos maiores pesquisadores sobre a voz, Johan Sundberg, traz à luz, em seu livro *Ciência da voz* (2015), um exemplo sobre a força de Bernoulli. Longe de adentrarmos na área de física de maneira mais aprofundada, devemos entender que, assim como um barco a vela ganha impulso ao sofrer a pressão do vento, a voz surge de uma pressão subglótica de ar. O princípio físico é o mesmo do exemplo do barco a vela e do fenômeno que acontece quando um avião vai alçar voo.

Sundberg (2015, p. 36) afirma que "os aspectos físicos relativos à corrente de ar são, ao que tudo indica, os mais decisivos para que a fonação ocorra". E, com essa frase do autor, podemos compreender a importância de um bom controle do fluxo respiratório durante o canto.

Fora a compreensão do princípio de Bernoulli, precisamos entender que músculos na laringe também agem durante a adução e abdução das pregas vocais, como já mencionamos anteriormente.

Nossos músculos são formados por fibras que podem, com um comando nervoso, relaxar ou contrair. Esse jogo de relaxamento e contração funciona em uma via de mão-dupla: para um músculo se contrair, é necessário que seu opositor relaxe. Quando a parte contraída relaxa, a outra passa a se contrair. Esse processo se chama *antagonismo muscular*. Isso também acontece nas nossas pregas vocais durante a adução ou abdução dos músculos envolvidos na fonação.

Mas por que cantamos? Talvez a resposta para essa questão esteja no **quando** cantamos. Antes mesmo de qualquer instrumento musical surgir, as vozes humanas já se expressavam nos momentos mais especiais da vida: nascimentos, mortes, casamentos e festividades, nos quais a música se fazia presente como forma de expressão dos sentimentos.

> **Experiência da autora**
>
> Por que as pregas vocais vibram? Existem razões fisiológicas e acústicas para essa pergunta, mas, como regente coral, sei muito bem que vibramos nossas pregas vocais quando precisamos expressar nossos sentimentos mais sinceros e profundos.

3.2.1 Controle da vibração das pregas vocais

Nossas pregas vocais vibram na frequência da nota emitida: se cantamos um Lá 440 Hz, a prega vocal abre e fecha 440 vezes por segundo (Sundberg, 2015). Partindo desse pressuposto, qualquer outra modificação na altura da nota acarretará uma mudança na frequência de vibração das pregas vocais.

Mas como nosso corpo é capaz de controlar a vibração das pregas vocais a fim de cantarmos centenas de notas durante uma execução musical? O processo de fonação envolve basicamente dois fatores: a ação muscular, que faz as alterações no comprimento, tensão e quantidade de massa utilizada; e a pressão subglótica[2] do ar, que vem dos pulmões.

A **pressão subglótica** afeta a fonação de maneira bastante simples, pois o aumento da pressão tem por consequência um aumento da intensidade de fonação. Em outras palavras, quando queremos cantar mais forte, precisamos aumentar a pressão subglótica; por isso, o controle da respiração é fundamental no canto.

Em compensação, se quisermos elevar a frequência da nota (sua altura) sem aumentar a intensidade, precisamos ativar as musculaturas que controlam o comprimento das pregas vocais. Exatamente por esse motivo que é difícil trabalhar com os coros o controle do *piano* e do *pianissimo*. Aparentemente, é mais fácil para cantores leigos cantarem com mais volume e força do que manter a fonação com menor intensidade, principalmente na região mais aguda da voz.

Experiência da autora

Costumo fazer um exercício com meus grupos, uma brincadeira usando um quadrante, sempre com uma mesma nota como ponto de partida e de chegada. Nesse plano cartesiano, demonstrado na Figura 3.11, especifico a linha da altura e a linha da intensidade. Vou alterando o **x** e o **y** com as mãos, como em uma regência, e o grupo precisa fazer essas alterações na voz seguindo meus comandos.

---

2   Pressão subglótica é aquela que ocorre abaixo da glote, ou seja, a pressão de ar exercida abaixo das pregas vocais.

Figura 3.11 – Plano cartesiano para trabalho de regência coral de propriedades do som: intensidade × altura

```
              |  y: altura da
              |  nota
   x: intensidade
 —————————————+—————————————
              |
              |
```

Na Figura 3.12, podemos ver o movimento inicial das mãos do regente nesse exercício: partindo de uma nota (por exemplo, Dó 3), esse é o ponto em que o coral deve cantar com a voz em um volume normal – nem muito forte, nem muito suave. Com a movimentação das mãos do regente, a nota sofrerá alterações.

Figura 3.12 – Ponto zero do exercício de regência de propriedades do som

Alexandre Battini

Na Figura 3.13, perceba que a nota deve ficar mais aguda, mas deve-se manter a intensidade.

Figura 3.13 – Maior frequência (altura) na emissão do som

Depois, vemos a nota (Dó 3 novamente) com a intensidade maior. Observe a Figura 3.14.

Figura 3.14 – Maior intensidade na emissão do som

Por último, o agudo também é mais forte, mais intenso.

Figura 3.15 – Maior intensidade e maior frequência na emissão do som

Alexandre Battini

O objetivo desse exercício é que os cantores entendam que podem fazer graves e agudos com maior ou menor intensidade, que existe um controle mais fino que precisa ser executado, o qual envolve fonação e controle respiratório, e que isso é totalmente treinável.

Sundberg (2015, p. 41) afirma que: "Refletir a respeito das interações entre as diferentes funções da musculatura laríngea nos mostra o quanto é fantástico e aparentemente tão simples emitir uma nota sustentada em crescendo, mesmo para aqueles com pouco treinamento vocal".

Nesse ponto, concordamos com o autor, contudo, o *diminuendo* com cantores com pouco treinamento é muito mais desafiador. Portanto, é necessário pensar em exercícios vocais que propiciem o desenvolvimento desses controles. Experimente começar com essa proposta de exercício e verifique se o coro consegue, de forma mais tranquila, executar o *crescendo*.

Figura 3.16 – Exercício para controle de dinâmica: *piano* para *forte*

No exemplo da Figura 3.16, o coro deve emitir uma nota sustentada e ir aumentando a intensidade, de forma gradativa. Ajustar essa percepção e aprimorar essa habilidade é fundamental para que, quando essa demanda aparecer no repertório, o coro esteja pronto para executá-la.

Após trazer à consciência as diferenças entre altura e intensidade, podemos utilizar algumas consoantes como base em notas sustentadas para sair do mais forte para o mais "fraco".

Em alto e bom som

Particularmente, não consideramos adequado o uso do termo *fraco*, pois o som menos intenso não é fraco, já que precisa de muita energia para se manter afinado e presente — mas, quanto à física e à acústica, *fraco* ainda é o termo mais adequado. Quando o som do vizinho está alto, na verdade, ele está forte. O termo *suave*, para o *piano*, também não seria o mais adequado, pois muitos sons são tensos, vide trilhas sonoras de filmes de suspense com trechos em *piano* que são agoniantes.

Figura 3.17 – Exercício para controle de dinâmica: *forte* para *piano*

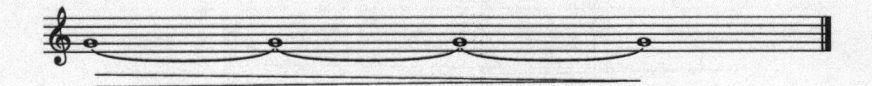

É um desafio enorme fazer o exercício da Figura 3.17 dessa forma. Geralmente, o coro vai do *forte* ao *piano* em segundos apresentando uma mudança muito brusca na qualidade do som.

A sugestão é usar uma consoante com presença de adução das pregas vocais para que fique claro o uso do ar – por exemplo, Z, J ou V. Além de facilitar a percepção do uso do controle de ar e da intensidade sonora, é fácil perceber se o volume da voz está sendo controlado pela prega vocal em vez da respiração.

Quando o volume é controlado predominantemente pela prega vocal de forma equivocada, o som costuma ficar mais tenso e mais calante[3], e, no caso de cantores amadores, o volume da voz fica até mais forte do que quando controlado pela respiração.

Se o cantor amador ainda não desenvolveu a musculatura respiratória para o canto, fatalmente utilizará a própria prega vocal, com a musculatura predominante do TA, para ampliar a intensidade enquanto canta. Portanto, provavelmente haverá uma fadiga vocal pelo esforço demasiado.

...
3   O termo *calante* é muito comum no estudo do canto e significa que a voz está abaixo da frequência desejada. Também é comum encontrarmos *voz baixa* para se referir à afinação.

3.3 Do fluxo de ar ao som

Podemos pensar na produção sonora considerando apenas seus aspectos físicos e acústicos, já que o som é uma onda mecânica que se propaga no ar por meio da vibração de suas moléculas.

Não paramos muito para pensar no quão sofisticado é o sistema de comunicação humano, que envolve a produção sonora, mas também a recepção por meio do aparelho auditivo.

É muito importante entender que o som emitido na prega vocal não é composto de uma única frequência. Sundberg (2015, p. 43) ressalta que:

> O trato vocal apresenta quatro ou cinco frequências de ressonância (formantes) de maior importância. Um som de frequência igual ou próximo da frequência de um desses formantes será transmitido pelo trato vocal com maior eficiência do que um som de outra frequência e apresentará amplitude comparativamente maior ao ser irradiado pelos lábios.

Quando cantamos um Lá 440 Hz, na verdade, várias frequências são produzidas em concomitância, mas nossa percepção a respeito do som que ouvimos depende, em grande parte, de como o nosso trato vocal irá ressoar o som emitido.

Uma nota cantada por nós é um espectro mais complexo de componentes. Esses componentes são chamados de *sons parciais*; quando são sinais periódicos, são denominados *harmônicos*.

Vamos conhecer (ou relembrar) a série harmônica. A primeira nota da série harmônica, a fundamental, é o que o ouvido reconhece como aquilo que popularmente chamamos de *tom* ou *altura tonal*. Ou seja, se você pedir para alguém cantar um Lá 440 Hz, a nota que vai ouvir será a frequência fundamental, mas outras frequências farão parte do som, como o Lá 880 Hz, e assim por diante.

A série harmônica é formada pelos seguintes intervalos, partindo de uma nota fundamental:

- oitava;
- quinta justa;
- quarta justa;
- terça maior;
- terça menor;
- terça menor;
- segunda maior;
- segunda maior;
- segunda maior;
- segunda menor;
- segunda maior.

Figura 3.18 – Série harmônica

Harmônicos também são conhecidos como *overtones*. Existe uma técnica chamada *overtone singing*, cujo propósito é cantar duas notas simultaneamente: uma nota produzida pela fundamental e outra por modificação dos formantes, tornando os demais harmônicos produzidos pela prega vocal perceptíveis ao ouvido.

> **Experiência da autora**
>
> A série harmônica é a base de muitos instrumentos de sopro, como a flauta transversal e o trompete. Cito esses dois instrumentos porque fiz algumas aulas e várias notas surgem mantendo-se o dedilhado e alterando a pressão do ar para que outras notas sejam atingidas.

Alguns autores afirmam que é a série harmônica em conjunto com os formantes que torna cada voz única, com sua cor e seu timbre (Hock, 2016).

- Os harmônicos são criados pela prega vocal.
- Os formantes são produzidos no trato vocal.

Para começar, vamos pensar em um órgão de tubo: são dezenas de tubos, um para cada nota – os tubos mais largos e compridos para as notas mais graves, os tubos mais finos e curtos para as notas mais agudas.

Nosso trato vocal não tem tubos para cada nota: temos um tubo só, que é capaz de realizar a ressonância de múltiplas frequências – isso são os formantes. Agora vamos mudar a imagem. Pense em uma garrafa. Sabemos que, ao soprarmos a boca de uma garrafa, ela irá emitir uma nota e essa nota irá mudar de acordo com o espaço disponível dentro dela. No exemplo a seguir, há três garrafas com quantidades diferentes de água. Na garrafa com menos água, o som será mais grave; na garrafa com mais água, mais agudo.

Figura 3.19 – Exemplo de ressonância

No caso da voz humana, as modificações da área do trato vocal são feitas pelos articuladores: os lábios, a língua, o palato mole, a mandíbula, a faringe, a cavidade nasofaríngea e a própria laringe.

A faringe atua nessa modificação por meio dos seus músculos constritores. Essa contração muscular da faringe pode ser observada em outras situações, como durante a deglutição, pois, ao se contrair, a musculatura da faringe ajuda a empurrar o alimento para o esôfago.

Durante a fala e o canto, as estruturas vocais não permanecem rígidas, em um único estado: cada consoante tem a própria articulação e cada vogal utiliza o próprio formante. O palato mole sobe e desce, a laringe pode se alargar ou se comprimir, a língua também apresenta diversos movimentos, os lábios podem se arredondar e a mandíbula pode abrir e fechar. Por isso que preparadores vocais quase enlouquecem para equilibrar o som do coro, já que os movimentos dos articuladores costumam alterar a qualidade sonora do grupo, pois, para soar de forma equalizada, o coro precisa praticamente unificar a ressonância utilizada pelos cantores.

Os harmônicos da voz humana podem ser visualizados na Figura 3.20, em que a nota cantada é Dó 3. Podemos ver no espectrograma que a nota mais grave é o Dó, mas que acima dela existem outras notas, as quais são exatamente a série harmônica de Dó: Dó (uma oitava acima), Sol, Dó, Mi e Sol novamente.

Figura 3.20 – Espectrograma da série harmônica de Dó

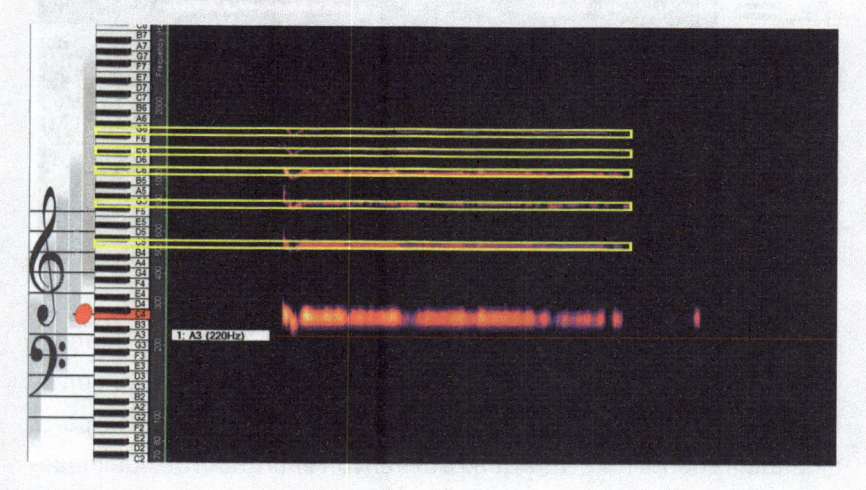

Já na Figura 3.21, há a simulação de uma voz não treinada (sem apoio, sem vibrato e sem projeção) cantando o Dó 3 e, após uma breve respiração, uma voz treinada cantando a mesma nota com apoio respiratório, vibrato e projeção. É visível, além de ser totalmente perceptível auditivamente, a diferença na qualidade vocal.

É mais fácil observarmos harmônicos em uma voz treinada do que em uma voz não treinada, como podemos perceber na região destacada em amarelo. A nota à esquerda é uma simulação de voz não treinada, e a da direita, de uma voz treinada.

Figura 3.21 – Espectrograma que simula voz treinada e voz não treinada

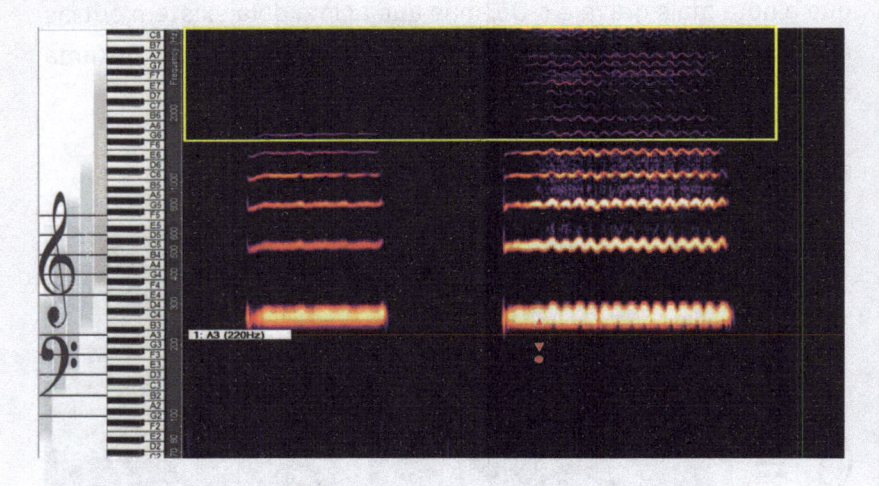

É importante destacar que a técnica vocal tem total ligação com a física e a fisiologia. Compreender como o som surge, como é reverberado, filtrado, articulado e amplificado é fundamental para qualquer regente coral que queira desenvolver um som de qualidade com seu grupo.

Mais adiante, iremos nos debruçar no assunto dos formantes do cantor. Nesse momento, buscaremos entender como podemos usar a voz falada como ponto de partida para desenvolver a técnica vocal em coros.

3.4 As diferenças entre a voz falada e a voz cantada

Pode parecer uma grande bobagem, mas compreender as diferenças entre a voz falada e a cantada pode ser uma grande carta na manga para regentes que trabalham com coros amadores.

É muito comum, nas classificações vocais, atendermos cantores que não afinam nenhuma nota e, às vezes, sequer conseguem modular a voz falada para uma região mais grave ou aguda. E quando isso acontece? Como podemos fazer a classificação vocal de alguém que não consegue mostrar suas características vocais mais básicas?

Em momentos como esse, é fundamental conhecer as diferenças entre a voz falada e a cantada, suas possibilidades de uso e principais características, a fim de fazer uma transição da fala (que o candidato ao seu coral já usa no dia a dia) para o canto, que exige outra configuração.

Vamos comparar os principais aspectos da voz em seus dois usos.

Quadro 3.3 – Diferenças entre voz falada e a cantada no quesito respiração

Respiração	
Voz falada	**Voz cantada**
A respiração é automática. Consideramos o processo como algo mais natural. A caixa torácica apresenta pouca expansão. Tendência de inspirarmos pelo nariz quando estamos em repouso da fala ou em meio a pausas mais longas e de inspirarmos pela boca durante a fala com maior velocidade. O controle do ar pode variar de acordo com a velocidade, o comprimento e a entonação das frases.	A respiração demanda condicionamento, treino. Precisa ser consciente. Inspiração e expiração são processos intencionais e controlados. A caixa torácica precisa de uma expansão maior e de sustentação de abertura das costelas flutuantes. A inspiração é rápida: usa-se tanto o nariz quanto a boca. O volume de ar é muito maior do que na voz falada. O controle do ar vai variar de acordo com o tamanho da frase musical.

Quadro 3.4 – Diferenças entre voz falada e cantada no quesito articulação

Articulação	
Voz falada	**Voz cantada**
O principal objetivo é a comunicação: é necessária a clareza na transmissão da mensagem; portanto, os sons devem manter sua forma original, sem distorções. A fala é espontânea e articulada e demonstra aspectos emocionais de quem está falando. As vogais e as consoantes têm a duração definida pela própria língua que é falada, assim como pelo ritmo de fala do interlocutor.	A transmissão da mensagem vai além da comunicação verbal e os aspectos musicais passam a ser mais importantes. Algumas vogais podem sofrer distorção em detrimento de aspectos musicais. As consoantes são o esqueleto, enquanto as vogais dão corpo à voz. A articulação de vogais e consoantes tem a duração definida pela duração das notas.

Quadro 3.5 – Diferenças entre voz falada e cantada nos quesitos projeção e ressonância

Projeção e ressonância	
Voz falada	Voz cantada
Exceto no uso profissional da voz, como acontece com professores, locutores, entre outros, não é necessária uma projeção de grande porte na conversação do dia a dia. A variação de intensidade não ultrapassa 10 dB. A ressonância tende a ser mais equilibrada, sem privilegiar um ressonador em detrimento de outro.	A projeção pode ser feita por microfonação e/ou por ajustes laríngeos, e essa decisão também depende de estilo e gênero. A variação de intensidade é muito grande e deve ser controlada pelo cantor. Várias cavidades ressonadoras podem ser utilizadas como filtro para alteração da qualidade vocal. Isso varia de acordo com estilo, gênero e interpretação musical.

Além dessas principais características vocais (respiração, articulação, projeção e ressonância), temos outros importantes aspectos que se diferem em ambos os usos. A **expressão** e a **entonação** também fazem parte da composição da voz falada e da voz cantada.

O quão estranho seria alterar a altura da voz o tempo todo? Ouvir uma pessoa que fala alternando do grave para o agudo o tempo inteiro pode ser muito desconfortável. Inclusive, se repararmos, existe um padrão para as vozes de jornalistas e radialistas: uma voz firme, estável, em uma região geralmente mais grave. Isso passa segurança e legitimidade para o que está sendo falado.

Já na música, seria horrível ter somente uma nota durante a música inteira – exceto o samba de uma nota só (esse está perdoado, até porque não tem uma nota só!). Logo, a entonação vocal é algo bastante díspar entre o uso das vozes falada e cantada.

A expressão é fundamental no canto e na fala. Atores se utilizam da expressão vocal tanto quanto os cantores. É por meio da expressividade vocal que podemos transmitir emoções, personalidades e dar sentido ao que estamos tentando comunicar. Quando um ator e/ou cantor consegue desenvolver a habilidade de manipular sua expressividade vocal, é porque já tem um refinamento técnico que engloba diversos aspectos realizados concomitantemente, como: respiração, projeção, articulação, ritmo, entonação e cor de voz.

Contudo, trabalhar com cantores amadores nos coros é sempre um desafio, pois a maioria não faz aula de teatro, e precisamos da expressividade para o canto. Portanto, é interessante propor exercícios que partam da voz falada e, então, migrar às conquistas adquiridas para a voz cantada. A expressividade parece ser de mais fácil acesso na voz falada do que na cantada, principalmente para leigos. Por exemplo, pedir que uma pessoa sem treinamento vocal cante docemente provavelmente resultará em uma voz frágil e, por vezes, infantilizada. Ao pedir a mesma coisa na voz falada, fica um pouco mais fácil de evidenciar a diferença.

Qual é a diferença entre uma voz forte e uma voz com raiva? Entendemos essa diferença quando alguém grita conosco, certo? Sabemos se a pessoa está apenas chamando a nossa atenção ou se está brigando. E se precisarmos cantar uma música com raiva? E se precisarmos cantar uma música com força? Como imprimimos essa diferença na voz cantada? Talvez o caminho que possa nos guiar até essa descoberta esteja escondido na voz falada. E é exatamente disso que vamos tratar agora.

Sugestão de exercício: afinando a partir da voz falada

De acordo com Sobreira (2003, p. 32):

> Assim como a maioria das pessoas aprende a falar por estar naturalmente exposta ao seu idioma natal, pode-se supor que a facilidade de captar e reproduzir música dependa do grau de experiência que a pessoa tenha com sua cultura. Esse tipo de aprendizado não precisa ser consciente, mas a pessoa deve ter um certo grau de exposição à música, a fim de perceber os padrões estruturais que dão sentido ao sistema musical adotado.

Dessa forma, a habilidade de flexibilizar a voz falada parece algo mais tangível com cantores leigos, independentemente de sua exposição ou seu contato prévio com a música.

Uma das "brincadeiras" que podemos aplicar aos coros é a flexibilização da voz falada para sensibilizar os cantores quanto às possibilidades reais de alteração da voz cantada. Chamamos *brincadeira* porque, apesar de ser um exercício, todos se divertem em sua execução.

Peça aos cantores que leiam um texto qualquer em voz alta, pode ser até mesmo um trecho da música que será trabalhada no ensaio, mas alternando as características vocais, por exemplo:

- ler com a voz anasalada (trabalha ressonância);
- ler rindo (trabalha diafragma e registro);
- ler chorando (trabalha diafragma e registro);
- ler imitando voz de uma criança (trabalha altura);
- ler imitando a voz de um idoso (trabalha registro e filtro);
- ler imitando um bêbado (trabalha dicção);

- ler em voz baixa (trabalha controle de volume);
- ler com dor (trabalha expressividade);
- ler com a voz mais grave possível (trabalha altura);
- ler imitando um robô (trabalha ressonância).

Esses são alguns exemplos e, claro, vai da criatividade de cada regente a forma de solicitar isso ao seu coro: pedido direto, voluntariado, sorteio, papéis colados debaixo das cadeiras, sorteio *on-line* ou outra ideia inusitada.

De maneira geral, todas as pessoas conseguem modificar suas vozes faladas, em menor ou maior escala, para fazer tais alterações na qualidade do som. Não há certo ou errado: é fundamental que os cantores sintam que são capazes de fazer alterações significativas em suas vozes e trazer essa consciência para a voz cantada.

O importante é conectar essa experiência com a experiência musical, transferindo a percepção da voz falada para a voz cantada. A cada interpretação vivenciada pelos cantores, existe uma correlação que pode facilmente se transformar em *vocalise*.

Ao imitar um bêbado, o coralista deixa a dicção mais "solta", mais "frouxa" e bastante imprecisa. Escolha um trecho da música a ser trabalhada com o coro e proponha que cantem como um bêbado, evidenciando que a qualidade vocal e, até mesmo, a afinação serão afetadas pela falta de exatidão na dicção.

Depois, proponha o contrário: repetir o trecho com foco em uma dicção bastante precisa, enérgica e até mesmo exagerada, atenta à explosão das consoantes. O que acontece ao final dessa execução? Quais são as características vocais entre ambas as execuções? Deixe que seus cantores explorem essas possibilidades!

Outro passo seria pedir ao grupo que identifique quais expressões existiriam na voz falada da canção. Para isso, devemos isolar o texto. É preciso estar aberto para fazer esse tipo de exercício, pois, na busca dessa percepção, o grupo poderá encontrar uma expressividade diferente da indicada pelo compositor ou arranjador da música.

Faça o grupo experimentar a expressividade textual na voz falada e proponha que os cantores tragam essa mesma expressividade para o canto. Se for necessário alterar a expressividade para se manter fiel ao que é indicado na partitura, ao menos o coro o fará de maneira muito mais consciente.

Para finalizar, vamos apresentar alguns recursos de apoio para ajudar na implementação dos exercícios propostos neste capítulo.

Ainda que inteligências artificiais estejam se aprimorando e tentando se aproximar do modo como o ser humano é capaz de cantar ou falar, ainda estamos na frente. Proponha, por exemplo, que os cantores usem o **Google Tradutor** para ouvirem como é a entonação de uma inteligência artificial. Imitar a voz do Google nos ensaios pode ser um sucesso.

Outra possibilidade é o **Word Synth**, um experimento de inteligência artificial que combina a voz falada com aspectos musicais de um jeito muito divertido. Basta escrever algumas palavras (em inglês funciona melhor) e dar o *play* para ouvir sua melodia. Também é possível modificar a melodia, explorar escalas diferentes e muito mais. Experimente!

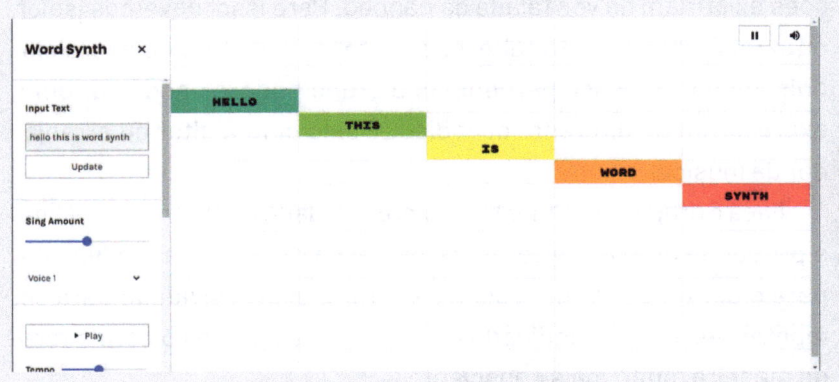

Figura 3.22 – *Interface* do experimento Word Synth

Google e o logotipo do Google são marcas registradas da Google LLC, usado com permissão.

Veja mais possibilidades de uso do Word Synth no QR Code a seguir.

Figura 3.23 – QR Code: Word Synth

Outra dica são os **aplicativos de decibelímetro**, um excelente recurso para analisar a percepção que temos da nossa voz.

Um decibelímetro é um Medidor de Nível de Pressão Sonora (MNPS), empregado para medir o que percebemos como volume sonoro. Cantores leigos, com pouco treino, costumam aumentar o volume na medida em que cantam frequências mais agudas. Praticar exercícios utilizando esse recurso permite ao cantor perceber que ele consegue cantar uma escala ascendente sem aumentar a pressão sonora, ou seja, o volume.

▷▷ Resumo da ópera

Neste terceiro capítulo, abordamos a fisiologia do aparelho fonador, a fonética e as diferenças entre a voz falada e a cantada, além de como podemos empregar esse conhecimento para melhorar o desempenho do coro.

Também discutimos as principais características da musculatura intrínseca da laringe e do sistema articulatório, bem como as possibilidades de exercícios e aplicabilidade no canto coral.

No decorrer do capítulo, observamos a forte ligação entre física, acústica e voz, ponderando como as pregas vocais provocam a vibração e qual a relação da série harmônica na produção vocal.

Por último, vimos como utilizar as diferenças entre a voz cantada e a falada em prol do canto coral, com exemplos, exercícios práticos e sugestões de aplicativos e outros recursos digitais que podem auxiliar coro e regente no processo de desenvolvimento das habilidades mencionadas.

Teste de som

1. Qual é a diferença entre emissão da voz, produção da fala e produção do canto?

I) A voz é um sinal sonoro emitido pela laringe.
II) A fala foi desenvolvida pelo homem para se comunicar e se expressar.
III) O canto foi desenvolvido depois da fala, pois não tem função de comunicação.

Agora, assinale a alternativa correta:

a) Somente a afirmação I é verdadeira.
b) Somente a afirmação II é verdadeira.
c) As afirmações II e III são verdadeiras.
d) As afirmações I e II são verdadeiras.
e) Todas as afirmações são verdadeiras.

2. Sobre o sistema articulatório, analise as afirmações a seguir.
   I) É constituído de nariz, lábios, dentes, língua e laringe.
   II) Seus órgãos e estruturas são responsáveis por diversas funções importantes, algumas vinculadas ao ato de comer, como morder, sugar, engolir e mastigar.
   III) É responsável por articular vogais e consoantes, dando inteligibilidade ao som fundamental produzido pela laringe.

Agora, assinale a alternativa correta:

a) Somente a afirmação I é verdadeira.
b) Somente a afirmação II é verdadeira.
c) Somente as afirmações II e III são verdadeiras.
d) As afirmações I e II são verdadeiras.
e) Todas as afirmações são verdadeiras.

3. Analise as afirmações a seguir.

   I) O músculo cricoaritenoideo lateral (CAL) é o principal adutor, que fecha a glote ao ser contraído.
   II) O músculo tireoaritenoideo (TA) é único. Ele é particionado em TA externo e interno, sendo que o externo é responsável pelas notas mais graves da voz.
   III) O músculo cricotireoideo (CT) é responsável pela alteração na intensidade da voz, já que é capaz de esticar as pregas vocais.
   IV) O músculo cricoaritenoideo posterior (CAP) é um músculo abdutor que promove abertura e estabilidade das pregas vocais.
   V) O músculo esternotireoideo (ET) é responsável pelo registro médio da voz.

   Agora, assinale a alternativa correta:

   a) Somente a afirmação III é verdadeira.
   b) Somente a afirmação IV é verdadeira.
   c) As afirmações II e V são verdadeiras.
   d) As afirmações I e IV são verdadeiras.
   e) Todas as afirmações são verdadeiras.

4. Qual dos exercícios a seguir seria o mais indicado para trabalhar um timbre mais escuro de voz com uma ressonância mais alta?

   a) [partitura musical: Zi-u Zi-u Zi-u Zi-u Zi-u Zi-u Zi-u Zi-u]

   b) [partitura musical: Mo-i Mo-i Mo-i Mo-i Mo-i Mo-i Mo-i Mo]

c) [partitura] Nu — Nu — Nu

d) [partitura] Mu — Mu — Mu

e) [partitura] Br — br.

5. Sobre algumas qualidades da voz cantada, é **incorreto** afirmar:
   a) A caixa torácica precisa de uma expansão maior e de sustentação de abertura das costelas flutuantes.
   b) A transmissão da mensagem vai além da comunicação verbal, e os aspectos musicais passam a ser mais importantes.
   c) A ressonância tende a ser mais equilibrada, sem privilegiar um ressonador em detrimento de outro.
   d) A inspiração é rápida e, para isso, usa-se tanto o nariz quanto a boca.
   e) A articulação de vogais e consoantes tem a duração definida.

Treinando o repertório

Questões para reflexão

1. Selecione uma música que você esteja trabalhando com seu coro ou que deseje trabalhar futuramente. Analise a forma como a respiração do coro deverá acontecer: Em quais momentos o coro deve respirar? Essa respiração será longa ou mais curta?

2. Com base na música escolhida na primeira atividade, qual é a característica de articulação das consoantes e das vogais? Os sons são mais explosivos ou mais sibilantes? Analise a articulação das palavras.

Atividade aplicada: prática

1. Com as informações coletadas nas questões para reflexão, experimente:

   a) Alterar os locais de respiração: respirar no meio de uma palavra ou de uma frase musical. Qual a consequência disso? Em que região provavelmente seus coralistas irão respirar equivocadamente? Por quê? Como corrigir os locais de respiração?

   b) Executar um trecho da música com as consoantes sendo articuladas sem muita precisão, meio "frouxas" (se puder gravar, grave). Analise se houve algum impacto na afinação das notas. Depois, repita o mesmo trecho, mas articulando com precisão, com uma dicção bastante assertiva. Há alguma diferença entre as duas execuções? Qual? Por quê?

Capítulo 4

REGISTRO VOCAL, TIMBRE, VIBRATO E TÉCNICAS CORAIS

Quando trabalhamos com vozes individuais, sabemos que cada pessoa traz as próprias particularidades sonoras, assim como cada uma apresenta um tipo de habilidade ou dificuldade em determinado aspecto quando canta.

Porém, no trabalho com múltiplas vozes simultâneas, precisamos entender que buscamos equilíbrio e homogeneidade sonora. As características individuais devem ser trabalhadas em prol da sonoridade do grupo. Para que isso possa acontecer, o regente coral precisa se instrumentalizar sobre o universo da voz cantada.

Neste capítulo, abordaremos assuntos referentes aos registros vocais, à classificação vocal, ao trabalho com vibratos, aos formantes do cantor, à relação com o canto coral e ao desenvolvimento da homogeneidade sonora em grupos corais amadores, principalmente nos iniciantes.

4.1 Tipos de registro vocal

Por que estudar registro vocal? Para explicar o que é *registro*, daremos o exemplo de um carro. Os carros têm marchas, certo? Se você ligar um carro, engatar a primeira marcha e andar o tempo todo sem trocar de marcha, o carro não vai ter um bom desempenho. À medida que a velocidade aumenta, as marchas devem ser trocadas para que o carro ganhe mais velocidade e o motor sofra menos. A nossa voz funciona praticamente da mesma forma que as marchas do carro, exceto pelo fato de que não tem vínculo com a velocidade que cantamos. Não trocar de registro vocal significa usar a primeira marcha em todo o percurso. Por que cantar usando somente a voz de peito se nas regiões mais agudas posso "trocar de marcha" e usar minha voz de cabeça e vice-versa? Trabalhar com os registros corretos aumenta o desempenho vocal dos cantores e é um excelente recurso interpretativo.

A voz humana é dividida em alguns registros vocais, que nada mais são do que uma espécie de configuração de músculos intrínsecos da laringe. Por isso mesmo que ainda não existe uma única escola que seja seguida quando o assunto é o uso muscular no canto. Isso significa que, de acordo com a configuração muscular usada pelo cantor, o som terá uma característica.

Até os cientistas da voz, como Sundberg (2015, p. 83), tomam cuidado ao apresentar uma definição sobre o tema:

> Infelizmente, a terminologia utilizada para designar os registros da voz é bastante caótica, o que em grande medida reflete a falta de dados concretos a respeito do tema. De fato, muitos desses dados ainda não estão disponíveis; a ciência da voz ainda não alcançou um entendimento completo dos mecanismos que determinam a função glótica e suas relações com os diferentes registros vocais.

Em alto e bom som

No Brasil, temos uma metodologia de classificação vocal desenvolvida pelo maestro Marconi Araújo, chamada *Belting contemporâneo*, que trata de registros específicos para o *belting*, as quais buscam colaborar com a técnica vocal para cantores do teatro musical. Vale a pena conferir essa abordagem que revela toda a experiência do maestro com um embasamento teórico bastante consistente, fundamentado na fisiologia vocal.

Vamos explicar mais a fundo as características dos registros vocais e as nomenclaturas e divisões mais utilizadas pelos principais autores e pesquisadores da área.

4.1.1 Registro basal ou *vocal fry*

O nome *fry* vem do inglês e significa "fritar", pois o som desse registro remete ao som de uma fritura, visto que a voz fica com um aspecto totalmente crepitante. É o registro que apresenta uma qualidade vocal completamente diferente dos demais registros vocais que temos. O *fry* é uma voz mais grave que a voz de peito. Ele é resultado de uma prega vocal mais encurtada e uma fonação muito leve (Pinho; Korn; Pontes, 2014).

O *fry* também é bastante utilizado como recurso interpretativo em alguns estilos musicais (apesar de que muitas pessoas, principalmente cantoras estadunidenses, têm utilizado o *fry* para a voz falada). Geralmente, vem acompanhado de um *glissando*, um portamento vocal. Ou seja, enquanto se "escorrega" entre uma nota e outra, utiliza-se o registro do *fry* para causar uma espécie de rouquidão. É comum acontecer de notas graves para as agudas.

> **Experiência da autora**
>
> Particularmente, e até o momento, não utilizei o *fry* com meu coro, mas, sim, em solos, para trazer *glissandos* (*glissandi*) em músicas que permitiam a utilização desse recurso.

4.1.2 Registro modal

Nesse caso, a voz é subdividida em três grupos: de peito, mista (ou média) e de cabeça. O registro modal tem os sub-registros mais utilizados na música popular pelos cantores. Ainda vale ressaltar que os termos utilizados para essa divisão costumam causar equívocos. Muitos cantores confundem esses termos, que têm a ver com o uso de musculatura, com ressonância. De fato, sentimos mais a vibração no peito quando usamos a voz de peito, e a vibração na cabeça quando utilizamos a voz de cabeça, mas isso não tem relação com ressonância. Na verdade, essas nomenclaturas derivam provavelmente dos locais de sensação de vibração.

A **voz de peito** é a nossa voz falada. Claro que há pessoas que falam usando a voz de cabeça, mas são raras exceções. A voz de peito é a que apresenta maior participação do músculo tireoaritenoideo (TA). É uma voz mais forte, mais presente, mais grave[1]. Apresenta uma configuração de pregas vocais mais encurtadas e grossas e, por isso, costumamos utilizar esse registro nas notas mais graves da nossa tessitura vocal. É evidente que podemos cantar notas mais agudas com a voz de peito, mas, em determinado momento, ficará difícil de sustentar.

Algumas pessoas ainda acham que a voz de peito é prejudicial, mas isso é um mito da voz cantada. A voz de peito só será prejudicial se for utilizada como único recurso da voz, sempre muito forte e

---

1 "O aumento de massa das PPVV [pregas vocais] aumenta a sua inércia à passagem do ar, diminuindo a velocidade dos ciclos vibratórios, produzindo os sons de baixa frequência, considerando-se o TA interno o tensor para graves" (Cielo et al., 2011, p. 364).

cantada em toda a tessitura vocal do cantor. Por ter predominância do TA, que é a própria prega vocal, se somente ela for usada o tempo todo dessa forma, pode haver fadiga e, eventualmente, alguma lesão.

A **voz de cabeça** tem predominância maior do uso da musculatura do grupo muscular cricoaritenoideo (CT) e aparece na região mais aguda da voz (Pinho; Korn; Pontes, 2014). Trata-se de uma voz mais suave e delicada.

A **voz mista ou média** propõe um uso equilibrado entre a musculatura do TA e do CT. Como o próprio nome diz, a característica dessa voz é o equilíbrio: nem forte demais, nem suave demais.

Claro que, em todas as situações citadas, o volume vocal deve ser alterado pela pressão subglótica, como vimos anteriormente. No entanto, alterações de volume podem acontecer também pelo uso na musculatura, perceptíveis tanto na voz falada quanto na voz cantada, ainda que não seja recomendável controlar o volume vocal por meio da musculatura, a fim de evitar fadiga muscular.

O Gráfico 4.1 exemplifica essa alternância muscular. Atualmente, é possível encontrar termos como *tênue* e *denso* para definir a predominância muscular.

Gráfico 4.1 – Equilíbrio entre o uso de musculaturas entre registros vocais

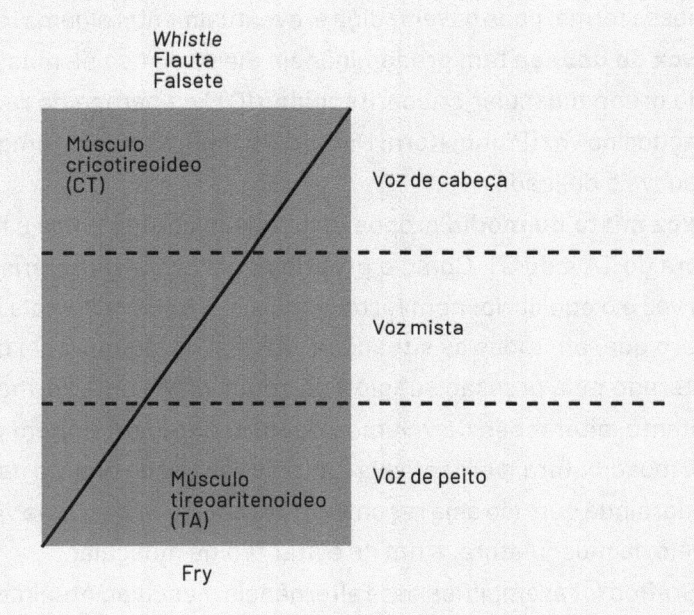

[Gráfico: eixo vertical com rótulos Whistle/Flauta/Falsete no topo e Fry na base; à esquerda, Músculo cricotireoideo (CT) em cima e Músculo tireoaritenoideo (TA) embaixo; à direita, Voz de cabeça, Voz mista e Voz de peito, separadas por linhas tracejadas; linha diagonal atravessa o gráfico do canto inferior esquerdo ao superior direito.]

Fonte: Elaborado com base em Araújo, 2013; Pinho; Korn; Pontes, 2014.

O regente coral deve conhecer o registro modal e suas subdivisões, pois é nele que a maior parte do repertório será executada. Entender a dinâmica muscular desse registro é fundamental para escolher e/ou criar os exercícios vocais necessários para que o coro se desenvolva tecnicamente e execute o repertório com tranquilidade.

4.1.3 Registro elevado

Araújo (2013) considera que, nesse registro, temos uma participação quase que absoluta do CT. No registro elevado, encontramos o famoso falsete, inclusive alguns autores chamam o registro elevado de *falsete*.

Existe muita discussão sobre o assunto, e as linhas de abordagem sobre esse registro são bastante variadas, diferentemente do registro modal, que parece ter um pouco mais de concordância entre fonoaudiólogos e cantores.

O falsete se dá por um comportamento bastante específico: a prega vocal produz uma fenda paralela, ou seja, não há adução completa das pregas vocais. O ar passa através da fenda paralela e produz a sonoridade específica do falsete.

Rubim (2019, p. 183) observa:

> Voz de cabeça é produzida quando, além do ligamento vocal formando a estrutura para a borda livre, existe alguma massa muscular, mesmo que delgada. A presença dessa massa muscular vai produzir um desenho tal de borda livre que haverá a produção de harmônicos que resultam em um som agudo agradável, delicado e leve, mas cheio de ressonância.

Existem linhas que afirmam que o falsete na voz feminina tem a principal característica de ser uma voz mais soprosa na região aguda da voz. É como se fosse a voz de cabeça, mas sem completar a adução. Rubim (2019, p. 183) reitera que: "Se há ressonância, há massa e se há massa, não poderá ser chamado de falsete".

Na voz masculina, fica mais claro observar quando um cantor está usando o falsete e quando está na voz de cabeça. A qualidade vocal muda consideravelmente, e os homens passam a cantar mais agudo que na voz de cabeça (recurso muito utilizado quando querem cantar imitando mulheres).

Nas vozes femininas, essa percepção é mais difícil, e muitos autores e professores de canto acabam associando o falsete na voz feminina à presença de ar (escape de ar). Contudo, o falsete não se conecta à voz de peito, e a mudança é muito mais brusca do que quando estamos usando a voz de cabeça. Isso acontece exatamente por conta do comportamento muscular, pois a mudança muscular é muito mais perceptível de uma fenda paralela para outra musculatura do que entre o uso do CT e do TA.

De acordo com Rubim (2019, p. 183, grifo do original): "Falsete fisiológico é produzido com o alongamento máximo do músculo vocal, criando uma **borda livre** bem fina, praticamente tendo como estrutura apenas o **ligamento vocal**". Ainda assim, é difícil afirmar com certeza que um cantor está fazendo falsete na sua voz apenas pela referência sonora. "A percepção auditiva de um fenômeno nem sempre é descrita do mesmo modo por várias pessoas", o que origina diversas explicações sobre o assunto (Rubim, 2019, p. 183). Somente um exame de laringoscopia poderia tirar a dúvida. O mais importante é prezar pela saúde vocal e continuar a melhorar a técnica vocal.

4.1.4 Registro de flauta

Tanto o registro de flauta quanto o registro de assobio costumam ser tratados como a mesma coisa, mas é perceptível aos ouvidos que se trata de sons completamente diferentes.

De acordo com Pinho, Korn e Pontes (2014, p. 51), "consideramos que o registro de flauta seja realizado com a emissão vocal em tons ao redor de Sol 5 e Lá 5 e vibração glótica concentrada na região anterior das pregas vocais, produzida com qualidade e ressonância".

Na música *Frühlingsstimmenwaltzer*, a cantora lírica Natalie Dessay usa o registro de flauta diversas vezes, chegando até um Lá Bemol 5. Em muitas outras músicas do repertório operístico, o registro de flauta é utilizado pelas sopranos – podemos citar como exemplo Diana Damrau, Edita Gruberova, Luciana Serra e a brasileira Carla Maffioletti.

4.1.5 Registro de assobio

Próximo da região do Dó 6, a configuração de fechamento glótico muda completamente. As pregas vocais deixam de vibrar as mucosas de suas bordas e passam a fazer um pequeno orifício glótico (Pinho; Korn; Pontes, 2014).

Mariah Carey ficou muito famosa por utilizar o registro de assobio, também conhecido como *whistle*. Uma das músicas mais conhecidas de todos os tempos em que esse recurso é utilizado chama-se *Loving you*, interpretada por Minnie Riperton.

Apesar de ser algo que acabamos associando às vozes femininas, o registro de assobio é totalmente possível de ser realizado por homens, pois trata-se de uma configuração de prega vocal que não ocorre somente nas vozes femininas. Ao final deste capítulo, confira dicas e material de apoio sobre esse assunto.

4.2 Classificação vocal

Soprano, contralto, tenor e baixo: essas são as quatro vozes do canto coral. Sim, é verdade que existem outras, mas essas são as principais. Há outras classificações vocais, como a de soprano coloratura, que tem origem na ópera e nas características vocais que ajudam a compor uma qualidade sonora específica para determinado repertório. Então, vamos tratar de conhecer um pouco mais sobre as principais características dessas vozes em cantores amadores?

Comecemos com um exemplo: se analisarmos o repertório de uma soprano com treinamento para música erudita, perceberemos que sua tessitura vocal varia entre notas mais graves, como Dó 3, até as mais agudas, como Fá 5 (como na ária da *Rainha da Noite*). Se tomarmos essa característica como premissa, qualquer soprano deveria cantar do Dó 3 ao Fá 5, mas isso não acontece, nem mesmo em vozes treinadas.

Vamos analisar alguns aspectos em vozes treinadas e vozes não treinadas que precisamos compreender para uma melhor classificação vocal dos nossos cantores em potencial.

No Quadro 4.1, há uma extensão bastante aproximada do que encontramos nos livros quando o assunto é classificação vocal.

Quadro 4.1 – Classificação vocal em vozes treinadas e não treinadas

Extensão das vozes		
(Pode variar muito entre cantores – é apenas uma orientação)		
	Vozes treinadas	Vozes não treinadas
Sopranos	Dó 3—Dó 5	Lá 2—Mi 4
Contraltos	Fá 2—Fá 4	Sol 2—Si 3
Tenores	Dó 2—Dó 4	Ré 2—Mi 3
Baixos	Fá 1—Fá 3	Sol 1—Si 2

Fonte: Elaborado com base em Riding; Dunton-Downer, 2010.

O que vemos, de modo geral, é que as vozes estão chegando para nós, regentes, cada vez mais encurtadas, achatadas. Não é possível definir com precisão o motivo disso, mas a falta de prática vocal, de ensino formal de Música, assim como as referências musicais de cantores que podem também ter uma extensão vocal limitada, podem ser alguns desses fatores. No entanto, são apenas suposições.

Experiência da autora

No caso específico de contraltos e baixos, o que acontece é que as pessoas que ocupam essas vagas nos corais leigos não são originalmente dessa classificação vocal – isso é uma observação pessoal, da minha experiência como regente coral. Essas pessoas apenas apresentam algumas características vocais que permitem que permaneçam cantando, por exemplo, em uma região mais grave de suas vozes. Chega quase a ser uma blasfêmia falar que isso acontece, mas acontece. Esta é a realidade: vozes não treinadas não seguem a tabela dos livros de regência coral.

Em solo brasileiro, contraltos de verdade são raridade. Nos grupos corais, é comum que essa linha seja feita por *mezzosoprano* e até mesmo soprano que se sente confortável cantando nessa linha.

Isso me faz lembrar de uma experiência marcante que tive durante uma classificação vocal. Uma garota entrou na sala. Fiz algumas perguntas para que se soltasse um pouco mais, ficasse um pouco menos nervosa, e também aproveitei para ouvir sua voz falada. Com base na voz falada, é possível adiantar a classificação vocal na maioria dos casos – ela é um excelente indicador. Não deve ser o único elemento a ser verificado, porém ajuda bastante. Nesse primeiro contato com a garota, notei que a voz falada dela era muito leve e mais aguda, então já comecei o exercício ao piano no Dó 3 e fui subindo em direção ao agudo. Fui até a região aguda e desci para o grave para tirar a prova real de que ela não tinha a menor condição de ser contralto.

Quando fui "abrir a boca" para falar que ela ficaria no soprano, ela arregalou os olhos e, antes que eu pudesse dizer algo, me pediu: "Por favor, eu quero cantar no contralto!" Eu completei: "Mas você é soprano!" Ela disse que sabia, que já tinha cantado em um coral anos antes, mas que gostava muito mais da linha de contralto e que também não se identificava cantando no soprano.

Foi a primeira vez que me deparei com algo assim na minha carreira, e isso me fez pensar muito sobre classificação vocal. O fato é que acatei ao pedido dela e ela cantou feliz no naipe de contraltos, por umas três temporadas do coro.

Por certo, eu mesma sou soprano, mas canto no contralto em qualquer oportunidade que apareça. Considero a linha melódica do naipe mais interessante, e trata-se de um gosto pessoal.

No caso dessa garota, o uso da voz não seria profissional. Ela cantaria apenas no ensaio e o repertório do coro, na época, tinha uma tessitura confortável para todas as vozes. Se eu estivesse trabalhando com uma canção que exigisse notas graves o tempo todo, com muita potência vocal, eu a alertaria para que evitasse problemas vocais. Considero responsabilidade do regente e do preparador vocal, quando essa figura existe no coro, alertar cantores sobre problemas que podem surgir quando há o uso inadequado da voz.

Em outra ocasião, tive um barítono (que cantava no naipe de baixos) que, em determinada temporada, me fez um pedido: queria cantar com os tenores. No caso dele, que fazia aulas particulares de canto, perguntei qual era o propósito, e ele disse que gostaria de treinar os agudos. Como o repertório do coral não exigia notas extremamente agudas para os tenores, também possibilitei que ele tivesse essa experiência.

Por isso, é importante considerar que existem estudos e práticas que orientam sobre uma classificação vocal adequada, e devemos seguir essas premissas como base para o trabalho vocal no canto coral. Contudo, também entendo que precisamos ouvir nossos coralistas e, ainda mais, precisamos estar abertos a mudanças, pois será cada vez mais comum, por exemplo, recebermos pessoas trans em nossos grupos vocais.

Tive essa experiência com um de meus cantores. Após passar pela cirurgia, cantava como tenor. Tinha dificuldades para cantar as notas mais graves, mas jamais exigi que cantasse no naipe de contraltos.

Precisamos lembrar que a nossa voz reflete também nossa personalidade e nossa expressividade, por isso não creio que a classificação deva acontecer considerando somente fatores fisiológicos.

4.2.1 Como fazer a classificação vocal dos cantores em potencial?

Precisamos entender que as pessoas geralmente estão muito nervosas quando precisam cantar para outra pessoa, ainda mais sabendo que estão sendo avaliadas. Se estão fazendo um teste ou classificação vocal para seu coral, significa que querem cantar com você.

Trata-se de um desejo genuíno, e geralmente as pessoas têm medo de receberem um não como resposta.

Em vozes não treinadas, o desafio é maior, pois, muitas vezes, não conseguimos ouvir o potencial real da voz do cantor. Não é raro a pessoa sequer conseguir afinar uma nota. Como agir nesses casos? Partindo da voz falada. Entreviste o candidato. Procure saber por que quer cantar no seu coro, se já teve alguma experiência cantando no coro da igreja ou da escola, se já fez aulas particulares de canto, se toca algum instrumento etc.

Perguntas sobre a disponibilidade de tempo também servem para que você entenda se o candidato realmente poderá se comprometer com o grupo, mas também para que continue relaxando e se adaptando ao ambiente em que vocês estão conversando. Vale também questionar o estilo musical que a pessoa ouve e gosta. Isso ajuda a entender as referências musicais que ela tem.

Enquanto o futuro coralista fala, o regente deve ouvir atentamente: A região de fala dessa pessoa é mais aguda ou mais grave? Tem ar na voz? Como é a respiração dessa pessoa? Muito ofegante?

Experiência da autora

Ao decidir fazer *vocalises*, explico para a pessoa o que preciso que ela faça. Para mim, é muito comum encontrar pessoas fazendo a classificação vocal já adultas, pela primeira vez na vida. Sua primeira experiência em coro será comigo. Considero isso uma responsabilidade enorme! Inclusive comento com o candidato que isso é bastante comum, para tranquilizá-lo ao máximo.

A sugestão é começar com *vocalises* simples, que partem da região de fala, com fonemas fáceis. Mostro como executar, já que

> as pessoas costumam fazer por imitação. Auxilie o candidato nas transições de tonalidade entre os *vocalises*, pois não são todos que entendem quando devem cantar entre as trocas de tonalidade.

O que pode ser observado durante os *vocalises* de classificação vocal?

- Onde a pessoa tem mais **desenvoltura vocal**? Assim, é possível verificar a região central da voz do cantor. Se o centro for mais agudo ou mais grave, já é uma pista.
- Em qual região começou a ficar **difícil de cantar**? Esse fato geralmente indica a região de passagem da voz.
- Qual foi a **nota mais aguda**? Nesse caso, é possível perceber a extensão vocal, a extremidade da voz. Qual a qualidade dessa nota? Geralmente, a última nota cantada no agudo costuma ser bem sofrida, às vezes nem afina direito.
- Qual foi a **nota mais grave**? Esse fato também demonstra a extensão vocal, a extremidade da voz. Qual foi a qualidade dessa nota? Como a maior parte das pessoas não tem voz grave, nessa região a voz começa a ficar soprosa e mais fraca. Se ficar confortável, com volume bom, é um indício de voz mais grave.
- A voz fica **soprosa** em alguma região da voz? Isso pode acontecer por vários motivos, como falta de controle respiratório. Ainda assim, um grande indício é que cantores não treinados costumam deixar a voz soprosa depois de mudanças de registro.
- Qual é a **predominância muscular** do cantor? Isso pode ser um pouco mais difícil de perceber, porém, em exercícios com graus conjuntos que vão do grave para o agudo, é possível notar se o cantor quebra a voz ou se sobe fazendo muito esforço, utilizando a musculatura mais densa. A região de quebra da voz é um indício

que ajuda na classificação vocal, e o uso predominante da musculatura ajuda o regente a conhecer melhor a voz do cantor para futuramente auxiliá-lo em seu desenvolvimento vocal no grupo.

- Qual é a **ressonância predominante** do cantor? Não existe ligação de ressonância com classificação vocal (um exemplo seria: vozes nasais são sopranos e vozes orais são contraltos, o que não procede), mas é durante esse momento de audição que se pode aproveitar para conhecer as características do cantor. Se tem uma voz muito nasal ou baixa, bem como avaliar o timbre. Além disso, é possível pensar em como encaixar esse timbre no restante do grupo. São poucos os momentos que os regentes têm para ouvir as vozes individualmente. Não deixe passar essa oportunidade.

Com esses questionamentos, é possível avaliar se temos uma voz mais aguda ou mais grave e fazer um direcionamento para os naipes adequados. Obviamente que nem tudo são flores para o regente coral, e não é surpresa recebermos para uma classificação vocal uma pessoa cujas notas cantadas não conseguimos sequer identificar ao piano. Acontece mais do que se imagina. Nesse caso, é importante explicar que existe um problema de ajuste de afinação na voz e que, sim, é possível regular. Para a flexibilização da voz falada, dá para aplicar os exercícios propostos no Capítulo 1: ajustes para que a voz soe como uma criança, mais grave, mais aguda etc.

Também é interessante explorar outros indícios que possam ajudar na classificação vocal, como altura da pessoa, tamanho do osso da bochecha e tamanho do "gogó". Baixos, por exemplo, costumam ser maiores em estatura, com uma protuberância bastante importante na laringe. Pode ser um indício, mas precisa estar atrelado a outros fatores.

Experiência da autora

Na minha experiência, costumo colocar esses cantores nos naipes mais próximos que suas vozes aparentam ser. Na medida em que vão aprendendo a afinar, soltar a voz e ampliam a extensão vocal, vamos refazendo a classificação vocal periodicamente.

O processo de afinação não costuma demorar, principalmente quando o regente não ignora a situação e compartilha a responsabilidade de afinação com o cantor.

Considere também implementar a classificação vocal por vídeo. Nesse sentido, a tecnologia veio para ajudar: tenho feito audições por vídeo e percebi que isso ajuda o cantor. Ele pode gravar quantas vezes quiser e vai lhe enviar a melhor versão (que ele considerar, ao menos). Para o regente, é bastante prático, pois pode acelerar, pausar e repetir o vídeo quantas vezes quiser. Lembro de quando fazia audições presenciais: eram, no mínimo, duas semanas por semestre, com horários agendados e, às vezes, a pessoa faltava sem avisar. Quando passei a fazer audições por vídeo, tudo se tornou mais fácil e rápido. Se houver alguma voz que não tenha sido possível identificar em vídeo, posso fazer o agendamento presencial, mas nunca foi necessário.

Para que a audição por vídeo seja efetiva, costumo escolher duas ou três músicas que apresentem notas graves e agudas e envio o *playback* como base, para garantir que a pessoa irá cantar na tonalidade pretendida por mim. Com isso, também é possível avaliar a percepção e a afinação do candidato, que precisará se adequar à base enviada. Posteriormente, há uma conversa com o cantor e tudo se ajeita.

A classificação vocal é uma grande responsabilidade. Nesta seção, apresentei algumas possibilidades e reflexões da minha experiência ao longo dos anos para que você possa orientar seu trabalho como regente coral.

4.3 Teoria dos formantes e formante do cantor

Os formantes são uma concentração de energia acústica em torno de determinada faixa de frequência na onda da fala ou do canto. Contudo, não basta ler isso para entender o que são formantes, pois é fácil confundir a frequência da altura na nota com os harmônicos e com a frequência dos formantes. Isso porque, apesar de ser algo antigo para quem estuda acústica vocal, trata-se de um assunto que está sendo difundido no canto há pouco tempo.

Experiência da autora

Nunca ouvi a palavra *formante* em quatro anos de bacharelado em Canto. E, sim, estudei no século XXI.

Quando passei a estudar acústica vocal e fonética, comecei a perceber que muitos regentes sabem usar os formantes com seus corais e não têm essa noção.

Então, recapitulando, a frequência da nota que cantamos, a **nota fundamental**, é dada pela quantidade de vibração por segundo das nossas pregas vocais. Os harmônicos compõem o som dessa nota fundamental. Eles também são produzidos nas pregas vocais. Porém, os formantes são gerados no trato vocal, ou seja, acima da laringe, nas cavidades oral e nasal. Assim, eles correspondem às ressonâncias acústicas do trato vocal, sendo resultado do formato e das dimensões de cada indivíduo e, por isso, cada pessoa possui um timbre vocal praticamente único. Essa frequência que mencionamos quando falamos sobre os formantes é uma energia gerada pela vibração do ar no trato vocal.

Para refletir

Imagine-se em uma sala pequena, coberta por tapetes e com todas as paredes cobertas por espuma. O que acontece com sua voz quando você canta nessa sala? Agora, imagine-se cantando em uma sala ampla, vazia, com piso frio, paredes lisas sem nenhum tipo de tratamento. Sua voz iria reverberar mais nesse ambiente, certo?

No exemplo, sua voz seria a nota (frequência fundamental) com os harmônicos, e a reverberação nas salas seria a ressonância acústica ou, em outras palavras, os formantes.

Quando cantamos um U, nossa voz soa mais escura do que quando cantamos um I, quando nossa voz soa com mais brilho, porque as cavidades de ressonância do trato vocal estão em formatos diferentes em cada vogal, reforçando faixas de frequência (por conta da vibração do ar) que dão à voz essas qualidades tão diferentes entre si.

Para ajudar ainda mais na compreensão, vamos pensar em um violão e em um violino. Quando dedilhamos as cordas do violão, o espaço do próprio corpo do instrumento faz com que o som reverbere e tenha o timbre que conhecemos como violão. Contudo, quando dedilhamos as cordas do violino, sua caixa, que é completamente diferente da do violão, reverbera o som de tal maneira que o timbre fica completamente diferente do timbre de um violão. Claro que o material e os comprimentos das cordas em ambos os instrumentos também influenciam o resultado sonoro. Isso também acontece na voz cantada: a fonte sonora também influencia o timbre final.

Quando pedimos para duas sopranos cantarem o Lá 440 Hz, o som será completamente diferente, apesar de se tratar da mesma frequência (altura). Nas cordas vocais, a vibração se mantém em 440 Hz nas duas cantoras, porém, ao reverberar no trato vocal, esse som fundamental irá se comportar de maneira diferente por conta do formato, do tamanho e da configuração dos articuladores durante o canto.

De acordo com Sundberg (2015, p. 44):

> As frequências dos formantes dependem do comprimento e da forma do trato vocal. O comprimento do trato vocal é definido como a distância entre a glote e a abertura labial, ao passo que a forma do trato é determinada pela variação da área transversal ao longo do seu comprimento.

Os articuladores – língua, mandíbula, lábios, palato mole e laringe – fazem as principais alterações nos formantes. A faringe, como já mencionamos anteriormente, também atua como articulador por meio de seus músculos constritores (Sundberg, 2015).

Os formantes são classificados por suas faixas de frequência e seus articuladores e são apresentados por letras e números. Trataremos aqui dos formantes F1, F2, F3, F4 e F5.

Primeiro formante (F1): reage à abertura da mandíbula

Experimente: escolha uma nota na região grave de sua voz. Com a boca quase fechada, cante a vogal A, e sem parar de cantar abra a mandíbula sem fazer nenhuma alteração de volume ou altura da nota na voz. Você perceberá que a qualidade sonora muda, pois, por conta da mudança de ressonância, as frequências mais agudas irão ficar em evidência. Em outras palavras, sua voz continua emitindo a mesma nota, mas, em razão dessa sensibilidade, as frequências mais agudas passam a ser privilegiadas e, portanto, ficam em primeiro plano.

Na Figura 4.1, isso fica bastante claro. A nota fundamental é um Lá 2, e há uma alternância nas frequências mais elevadas da série harmônica. Essa alternância se dá pela movimentação da mandíbula para baixo ou para cima.

No destaque amarelo, a mandíbula está abaixada, fazendo com que as frequências agudas se destaquem. No momento que a mandíbula está para cima, as frequências mais agudas praticamente desaparecem.

Figura 4.1 – Espectrograma da nota Lá 2 com movimentação da mandíbula

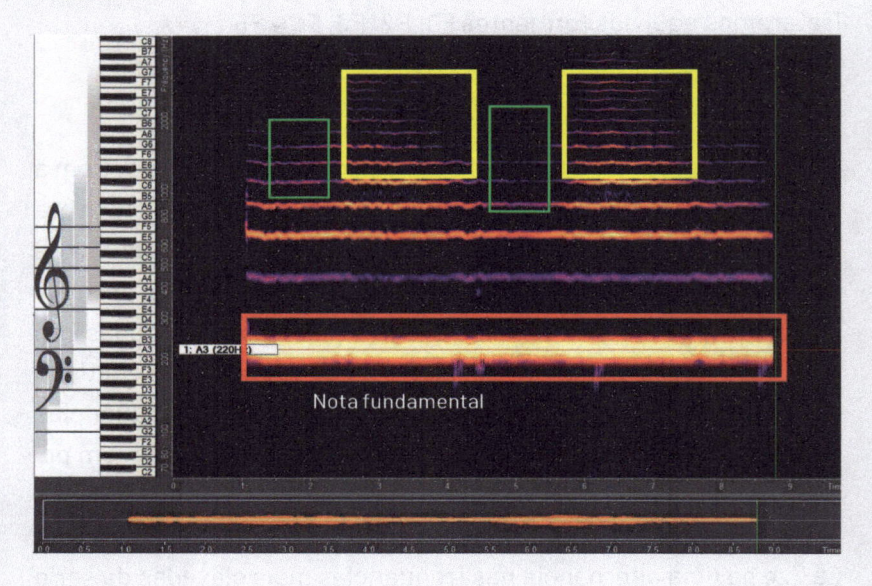

Segundo formante (F2): reage ao formato da língua

O fenômeno acontece quando a língua acaba por comprimir a parte anterior do trato vocal, fazendo com que a frequência do segundo formante aumente. O contrário também ocorre quando a língua se comprime, principalmente se os lábios forem arredondados concomitantemente.

Figura 4.2 – Espectrograma da nota Lá 2 com alteração de vogal

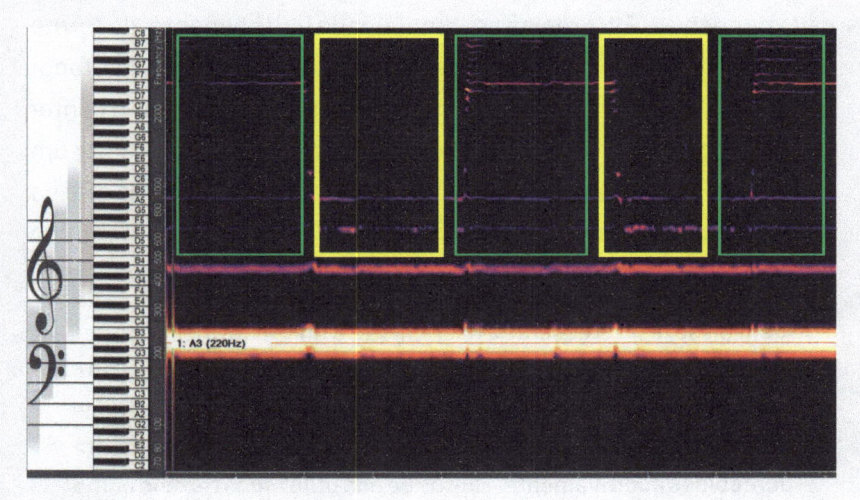

Na Figura 4.2, os retângulos verdes mostram as frequências evidenciadas pelo formante F2 quando a vogal I (língua elevada) é cantada. Em amarelo, há uma diminuição bastante importante de harmônicos agudos quando a vogal U (lábios arredondados) é cantada. Por isso, quando queremos sons mais brilhantes, utilizamos nos *vocalises* a vogal I e, quando buscamos sons mais escuros, a vogal U.

Formante do cantor: F3, F4 e F5

Os primeiros dois formantes são os responsáveis pela articulação de todas as vogais da nossa língua. O estudo sobre formantes do cantor costuma abordar cantores de ópera que usam os formantes três, quatro e cinco (F3, F4 e F5), porque é neles que há uma maior amplificação vocal.

A voz do cantor de ópera não é captada por microfones e amplificada por caixas. Ela precisa ser amplificada naturalmente, de forma a ultrapassar o som da orquestra e chegar aos ouvidos do espectador da última fila. É importante notar que, para se tornar audível, o cantor não se utiliza somente de força: muitas vezes, é necessário cantar um *pianissimo* e, ainda assim, ter o som da voz audível apesar da massa sonora de uma orquestra. Para isso, a técnica vocal do cantor lírico busca desenvolver ao máximo a utilização correta dos formantes.

> Além disso, é interessante observar que o quinto formante da voz cantada passa a se situar abaixo do quarto formante da voz falada e dá origem a um "formante extra" na voz dos cantores. Diferenças tão evidentes na localização dos formantes podem ser facilmente percebidas auditivamente. Muitos de nós utilizamos termos como "cobertura", "coloração" e "escurecimento" para descrever o efeito auditivo causado por ajustes específicos dos dois primeiros formantes na voz cantada. (Sundberg, 2015, p. 160)

Sundberg (2015) ressalta que professores de canto costumam utilizar termos diferentes para se referirem ao efeito auditivo causado pela presença do formante do cantor: *ressonância de cabeça* ou *voz de cabeça*, *ring vocal*, *canto na máscara*, entre outros. Esses termos são muito comuns para quem estuda canto.

Experiência da autora

Eu ouvia muito o termo *girar a voz*. Quando a voz "girava", estava na posição correta. Somente anos depois entendi que se tratava de acertar o uso dos formantes do cantor. De fato, quando conseguia atingir esse alinhamento, eu sentia a minha voz fora do corpo e era extremamente fácil cantar.

Sundberg (2015, p. 162) reitera: "O formante do cantor consiste, portanto, num agrupamento de formantes vizinhos, em geral do terceiro, quarto e quinto formantes, que provoca um ganho considerável na função de transferência para frequências específicas do espectro sonoro".

Logo, uma técnica vocal, bem fundamentada e com objetivos claros, vai ajudar regentes e coralistas no desenvolvimento de um som coral com potência e qualidade. Exercícios de abaixamento de laringe fazem com que os cantores do coro ganhem mais espaço no trato vocal; assim, a reverberação de suas vozes se dará de forma diferente da reverberação de quando não utilizam esse recurso.

Por último, mas não menos importante, é necessário notarmos o quanto os regentes buscam equilíbrio sonoro no coro. Dos cantores corais, é requisitado que se abstenham de suas características vocais para que sua voz soe parecida com a voz dos demais coralistas. Esse trabalho de equalização, de homogeneização, é feito com a modificação das vogais, adequando-se a ressonância de cada coralista para que o coro desenvolva uma qualidade sonora própria. Veremos alguns exercícios sobre isso um pouco mais adiante neste capítulo.

O fato é que o ensino do canto seria extremamente mais simples se dispuséssemos de equipamentos que mostrassem aos alunos o que realmente está sendo solicitado. A ciência da voz ainda se empenha em desenvolver ferramentas que mostrem exatamente as propriedades sonoras envolvidas nas diversas tarefas vocais – um avanço nesse sentido contribuiria significativamente para o processo de ensino vocal e, consequentemente, para a cultura musical em geral (Sundberg, 2015).

Mas por que um regente coral precisa entender de formantes, série harmônica e tantas coisas complicadas? Afinal, somos professores de Música, não de Física. Sabemos que pode parecer uma grande bobagem, mas entender e dominar os formantes ajudará o regente a ter um poderoso recurso com seu coral. Com o controle dos formantes, é possível configurar o trato vocal de formas distintas e, assim, obter sonoridades diferentes.

Ampliando o repertório

Que tal aprender brincando com o Blob Opera? Trata-se de um experimento do Google que traz quatro cantores líricos, um de cada voz. Você pode alterar a altura na nota em que cantam e também as vogais mexendo com o *mouse* para frente e para trás. Nesse pequeno experimento, é possível visualizar um pouco das modificações que precisam ser feitas nos formantes para que cada vogal seja reconhecida como tal.

Você pode acessar o Blob Opera pelo QR Code a seguir, no qual também encontrará dicas sobre como utilizar a ferramenta no ensino musical.

Figura 4.3 – QR Code: Blob Opera

Para entender sobre o formante do cantor, primeiro desenvolva sua percepção e a de seus coralistas com relação aos articuladores e aos espaços de ressonância de cada vogal. Essa percepção mais refinada ajudará em todo o processo de técnica vocal com o coro, pois será algo mais consciente.

> **Em alto e bom som**
>
> Anos atrás, um vídeo de um coral (Perpetuum Jazzile) viralizou na internet, porque o regente fazia sinais para os cantores modificarem o volume e o uso das ressonâncias. O grupo modificava o que era pedido ao mesmo tempo, e o som do grupo se alterava como em um apertar de botão, mudando completamente a qualidade do som. O trecho cantado era o refrão de *Hey, Jude*, dos Beatles. Confira o vídeo no QR Code a seguir.

Figura 4.4 – QR Code: Perpetumm Jazzile

4.4 Tipos de vibrato

É interessante pensarmos sobre vibrato e sua aplicabilidade no canto coral. Isso acontece porque a oscilação em excesso, considerando-se a massa sonora, pode ser desastrosa se feita sem os cuidados corretos. O vibrato fica muito próximo do *catchup* na comida: se colocar em tudo, estraga.

Araújo (2013) cita três tipos de vibratos que podem ser utilizados como recursos interpretativos nas canções, respeitando as características estilísticas. São eles: vibrato laríngeo, vibrato diafragmático e vibrato misto. Já Rubim (2019) apresenta o vibrato dividido em lento ou balanceado, ideal e caprino. Rubim (2019) ainda afirma que, no teatro musical, é possível perceber que existe certo tipo de vibrato que fica no meio do caminho entre o diafragmático e o laríngeo, aproximando-se muito da afirmação sobre vibrato misto de Araújo (2013).

Entretanto, qualquer vibrato é uma oscilação na nota fundamental da voz. Observe a Figura 4.5.

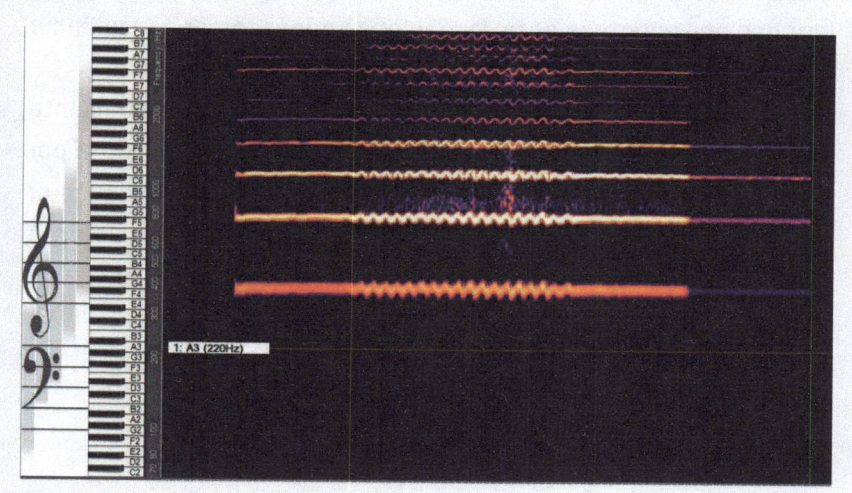

Figura 4.5 – Espectrograma da nota Sol 3 com vibrato e sem vibrato

Na Figura 4.5, há um espectrograma da nota Sol 3 sendo cantada. É possível notar que, no começo, ela é cantada sem qualquer vibração, depois há um vibrato e, por fim, novamente não há vibrato.

O primeiro vibrato que analisaremos será o **vibrato laríngeo**. Nele, existe uma leve alteração na altura da nota, decorrente de pequenas variações no movimento da laringe. É importante ressaltar que muitas pessoas "passam da conta" nesse tipo de vibrato. Quando ele oscila demais, a alteração na altura da nota pode comprometer até mesmo a afinação do "conjunto da obra".

Para começar a conscientização sobre o vibrato, um exercício interessante é pedir ao coro que cante uma nota sustentada por alguns segundos. Enquanto canta, o coro irá usar as mãos para apertar levemente a região que chamamos de *boca do estômago*. Ali fica parte do diafragma, e qualquer impulso acarreta uma oscilação na nota. Esse vibrato simulado é o vibrato diafragmático, que veremos um pouco mais adiante. Nesse caso, a proposta, enquanto o vibrato laríngeo não acontece no coro, engloba apenas tomar consciência da ação do corpo no resultado sonoro.

Ainda a respeito do vibrato laríngeo, outro exercício interessante para os grupos desenvolverem a habilidade de alterar a nota por vibração é trabalhar com intervalos pequenos, de segunda maior ou menor. Nesse caso, deve-se partir de uma velocidade mais lenta e aumentá-la gradativamente, como demonstra a Figura 4.6, mas sempre buscando o relaxamento da laringe. Quanto maior o relaxamento, maiores as chances de o vibrato laríngeo acontecer.

Figura 4.6 – Exercício para vibrato laríngeo

Para corais iniciantes, com cantores com pouco treinamento vocal, uma opção é fazer o exercício em velocidades mais lentas e aos poucos ir aumentando. O exemplo usa segundas maiores, mas também pode ser feito com segundas menores – é até interessante fazer o exercício com os dois intervalos.

Figura 4.7 – Exercício para vibrato laríngeo com maior agilidade

Para corais mais avançados, é possível começar com um andamento mais rápido, mantendo a mesma lógica usada para os

iniciantes, e aplicar o exercício com segundas maiores e menores, avançando no andamento.

No espectrograma da Figura 4.8, é possível perceber o vibrato laríngeo acontecendo com as notas Dó e Ré, saindo do lento para o mais rápido.

Figura 4.8 – Espectrograma com vibrato laríngeo

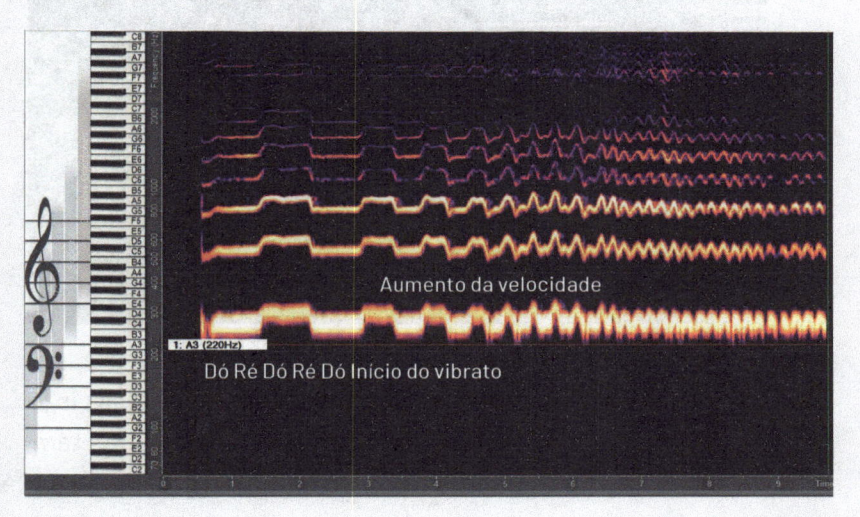

O próximo tipo de vibrato é o que se utiliza da oscilação de ar, também conhecido como *"puff" de ar*. Trata-se de um recurso bastante utilizado por cantores populares famosos, entre eles vários sertanejos brasileiros e grupos consagrados, como Bee Gees. O **vibrato diafragmático** pode ser executado por repetição de som, por exemplo. No espectrograma da Figura 4.9, é possível perceber a diferença entre uma voz sem vibrato e um vibrato diafragmático, que é praticamente um *staccato*. Trata-se de pulsos de ar.

Figura 4.9 – Espectrograma com exemplo de nota sustentada e de nota com vibrato diafragmático

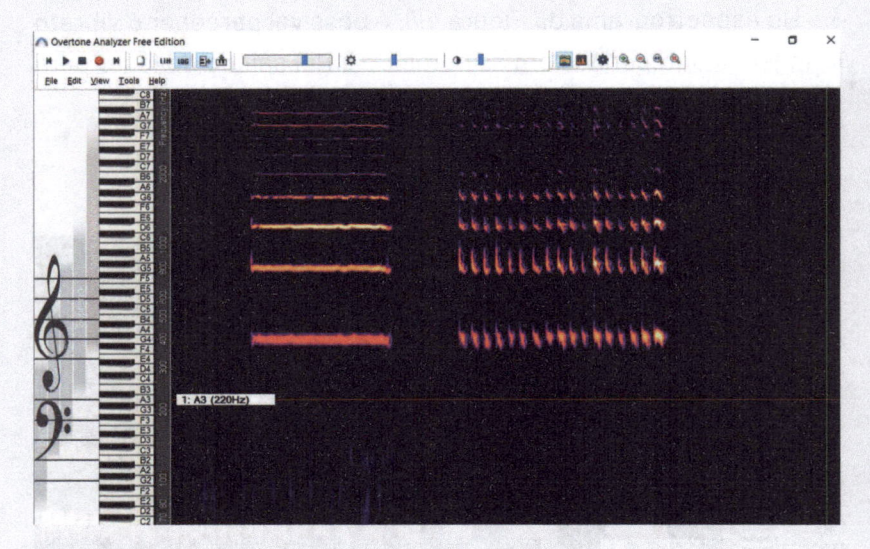

Além do fato de as ondas sonoras terem diferenças visíveis (e audíveis), é possível notar que os harmônicos mais agudos também sofrem alteração. Cantores de ópera, por exemplo, preferem o vibrato laríngeo por conta da maior presença de harmônicos na voz. Contudo, esse recurso sugere exatamente isto: "puffs" de ar durante a passagem do som, causando uma oscilação no fluxo de ar e, por consequência, na fonação.

Em alto e bom som

Em uma das canções mais famosas do Bee Gees, *How Deep is Your Love*, é fácil de reconhecer o recurso do "puff" de ar. Os irmãos o usam sempre ao final das frases. A cantora Celine Dion, ao gravar com eles a música *Immortality*, confessou em entrevista que ouviu os cantores e imitou o uso desse recurso.

No Brasil, a dupla sertaneja Chrystian e Ralf usa muito o vibrato de ar para finalizar suas frases. Vale a pena dar uma olhada nos exemplos mencionados.

Por se tratar de uma oscilação de ar que acontece durante a emissão da nota, é possível treinar isso com os cantores com exercícios simples. Antes de mais nada, é preciso que percebam a ligação do impulso de ar do diafragma e sua capacidade de produzir som. Sabemos disso porque, quando soluçamos, não conseguimos conter o som emitido de forma involuntária.

Uma sugestão de exercício é que os cantores sustentem uma vogal em uma nota confortável. Ao sinal do regente, com as próprias mãos, eles devem empurrar a barriga várias vezes e verificar o resultado sonoro. A emissão se altera por conta da alternância do ar que passa pelas pregas vocais. Quando cantamos, controlamos e equilibramos a saída de ar, mas o impulso dado pelo diafragma faz com que percamos esse controle.

Para o próximo exercício, o cantor precisa ter um domínio mínimo da saída de ar, sem vínculo necessário com a fonação. Exercícios que privilegiam o uso da musculatura costo-diafragmático-abdominal, com abertura e sustentação de costelas durante a saída de ar, são os ideais.

Figura 4.10 - Exercício de preparação para vibrato diafragmático

```
F   S   X       F   S   X
```

O exercício da Figura 4.10 é bastante conhecido e pode ser feito em andamentos diferentes e diversas quantidades de repetições. Agora, vamos trabalhar na transição desse exercício para exercícios que desenvolvam a consciência do vibrato de ar. Os fonemas F, S e X não são vozeados, ou seja, não há adução das pregas vocais durante a produção do som, portanto, isolamos o treinamento muscular da inspiração e da expiração. Na sequência, é possível incluir vogais – FA, SA, XA – e ir aumentando a velocidade.

Sobre o **vibrato misto**, Araújo (2013) afirma que ele nada mais é do que a união entre as duas técnicas (vibrato laríngeo e vibrato diafragmático). É o mais versátil dos três tipos e muito utilizado no teatro musical.

De acordo com Fernandes, Kayama e Östergren (2006b), existe uma tendência de se trabalhar com vozes lisas no canto coral, sem vibrato, com a premissa de que o vibrato as deixa impuras e torna a homogeneidade coral mais difícil de ser atingida.

> Tal posição deve, entretanto, ser tomada diante de um estudo histórico-estilístico. Se por um lado o vibrato não é adequado para alguns estilos de música vocal, por outro ele se tornou um recurso praticamente essencial para a execução de outros estilos (no Barroco, por exemplo, o vibrato era utilizado como um ornamento em notas longas). Assim, o regente, diante de suas escolhas, deverá discernir sobre o uso deste recurso que, de forma

natural e controlada, pode acrescentar muito à sonoridade coral na interpretação de alguns estilos. (Fernandes; Kayama; Östergren, 2006b, p. 45)

> **Experiência da autora**
>
> Particularmente, com os meus coros, sempre procurei trabalhar com o vibrato laríngeo no repertório erudito, em razão das características estilísticas e do resultado sonoro que busco. Mas, de fato, dependendo do objetivo e da sonoridade ou da expressividade em determinada música, o uso do vibrato deve ser observado para que se torne algo especial e adequado ao estilo musical proposto.

A título de reflexão: Em quais momentos os vibratos são bem-vindos no repertório coral? Existem estilos que exigem o uso de vibrato ou aqueles em que seu uso é praticamente proibido?

Nas *performances* de música renascentista, é possível notar a ausência de vibratos. Nesse caso, precisamos lembrar que essas músicas são polifônicas (ao extremo, digamos assim) e eram executadas em igrejas, cuja reverberação natural propiciava um emaranhado de sons. O uso do vibrato, nesse caso específico, iria descaracterizar a textura musical das obras desse período. Existem tratados da época que, inclusive, enfatizam esse aspecto vocal, por exemplo, o tratado *Practica Musicae* (1496), de Franchinus Gaffurius.

Nessa perspectiva, precisamos refletir, por exemplo, se seria o caso de colocarmos vibrato laríngeo em *Águas de Março*, de Tom Jobim. A característica da música permite o encaixe de um vibrato? Ao ouvirmos o dueto de Elis e Tom, notamos que ambos cantam de forma desligada, com poucas notas sustentadas.

Os vibratos são esperados nos coros de ópera, principalmente na ópera a partir do século XVIII. Da mesma forma, nas músicas do estilo gospel e *pop*, também é bastante comum a presença de vibrato em diversos momentos.

Uma análise interessante sobre o uso do vibrato de acordo com estilos musicais pode ser feita com relação aos dois *Hallelujah* de Haendel: o original e a versão de Quincy Jones. Na versão original de Haendel, as vozes seguem sem vibratos evidentes. Já na versão de Quincy Jones, é possível ouvir vibratos evidentes em toda a música. Acesse o QR Code a seguir para analisar ambos os casos.

Figura 4.11 – QR Code: Duas versões de *Hallelujah* de Haendel

Para finalizar, deixamos a reflexão de que o vibrato é uma habilidade técnica que pode ser recrutada para fins interpretativos e, portanto, precisa ser treinada e devidamente ponderada quanto ao seu uso.

4.5 Homogeneidade, entonação vocal e precisão rítmica

O melhor aprendizado que podemos ter em um grupo coral é a vivência de um bom trabalho em conjunto, com uma sonoridade agradável e que nos leve a uma experiência estética inesquecível. No entanto, apenas ensaiar as linhas dos naipes, fazer um bom aquecimento vocal, treinar habilidades técnicas dos cantores e reger o grupo não é suficiente para o coro conseguir cantar de forma equilibrada.

Bons cantores corais devem procurar "doar" suas vozes em prol do grupo. Isto é, cada voz pode precisar abrir mão de sua individualidade para lapidar o som do grupo. Falamos disso anteriormente quando tratamos dos formantes da voz do cantor.

Fernandes (2020, p. 100) observa que, "muitas vezes, a sonoridade de um coro é atribuída exclusivamente ao professor de técnica vocal. Sem dúvida nenhuma, esse profissional é um personagem protagonista na construção da sonoridade de um coro".

Ainda que a presença de professores de Técnica Vocal e fonoaudiólogos seja comprovadamente fundamental para um bom trabalho em conjunto com o regente, sabemos que a realidade do canto coral brasileiro está longe do que é visto como ideal. O regente, muitas vezes, é também o pianista, o professor de Técnica Vocal, o arquivista, o arranjador, o responsável pelo café, entre outras funções. Então, o regente coral precisa compreender que sua responsabilidade com a técnica vocal é bastante importante e, claro, que o fato de haver professor de Técnica Vocal não o exime da responsabilidade da construção sonora de seu grupo.

É preciso entender que a função do professor de Técnica Vocal, ou o trabalho técnico vocal, com o regente precisa andar em consonância e sempre a favor da música. Agora, após vermos a fisiologia e a acústica vocal, vamos compreender como podemos equilibrar o som de um coro.

Indicamos anteriormente que os regentes sabem como moldar o som do coro partindo do uso da modificação das vogais, para que a ressonância do grupo se adeque. Em outros termos, é como se colocássemos cantores que estão cantando solo em salas separadas, com acústicas completamente diferentes, cantando juntos no mesmo espaço, com a mesma acústica.

Experiência da autora

Uma das primeiras coisas que eu faço é aproximar cantores com vozes parecidas. Essa dica vale um milhão de dólares! Percebi, ao longo dos anos, que vozes parecidas, quando cantam juntas, parecem dobrar de volume. Denominei esse processo de *timbragem*. No inglês, encontramos o termo *blend*, que significa "misturar", "combinar". Trata-se de uma equalização analógica das vozes do coro.

Vozes nasais com vozes nasais. Vozes escuras com vozes escuras. Vozes leves com vozes leves. Todas no próprio naipe. Ou seja, o lugar que cada cantor ensaia depende da combinação de sua voz com a de outro colega do mesmo naipe.

Quando faço esse processo, escolho dois coralistas e peço que cantem a mesma nota. Solicito aos demais coralistas que me digam se as vozes são parecidas ou não. É bastante interessante que, ao longo do tempo, eles começam a conhecer as vozes individuais dos colegas e, quando alguém falta, eles mesmos conseguem se reposicionar no ensaio ou na apresentação.

> Outra sugestão é trabalhar com as vogais para definir o som do coro. Sim, trata-se do uso dos formantes das vogais. Vamos a alguns exemplos.

Figura 4.12 – Giro vocálico: alternância de vogais, som mais posterior

U   A   U   A

Nesse exercício, a qualidade sonora entre as vogais é bastante diferente. A vogal U irá soar mais fechada e mais ao fundo, ao passo que a vogal A soará mais aberta e mais frontal. É muito comum, no entanto, que algumas pessoas falem e cantem o U no mesmo lugar do A. Nesse caso, pode-se utilizar o bocejo como indicação do lugar em que o U deverá ser executado.

A ideia do exercício é começar o canto com a forma do U e, ao mudar para a vogal A, tentar manter a mesma forma, com a mesma profundidade do som do U. Assim, o A ficará mais aveludado, a voz mais escura, ainda que o A não seja mais uma vogal pura por conta dessa modificação.

O exercício contrário também pode ser feito, pois irá trabalhar a manutenção do som mais aberto e mais frontal, apesar da mudança das vogais, como indica a Figura 4.13.

Figura 4.13 – Giro vocálico: alternância de vogais, som mais aberto

```
A    U    A    U
```

É possível, ainda, solicitar aos cantores que cantem as vogais deixando que o som mude de lugar a cada troca de vogal, ou seja, que o A seja cantado mais aberto e mais frontal e o U cantado mais fechado e mais profundo. Quando feito corretamente, é possível perceber o som indo para frente e para trás.

Esse exercício pode ser feito com outras vogais, como I e A, em que o I terá mais brilho que o A. Com o passar do tempo e o domínio do grupo, pode-se incluir todas as vogais e observar se os cantores conseguem alternar ou manter os giros vocálicos entre as execuções.

Figura 4.14 – Giro vocálico: alternância de vogais aplicando formantes

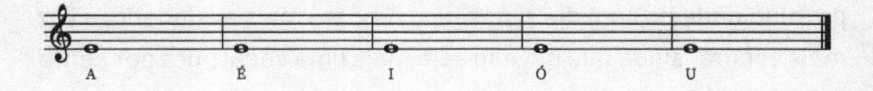

```
A    É    I    Ó    U
```

No caso da Figura 4.14, podemos, primeiramente, cantar com o espaço do U (profundidade); depois, cantar com o espaço do I (brilho); e, por fim, cantar com o espaço do A (frontalidade). Preferencialmente, escolha um andamento em que seja possível executar o exercício sem interrompê-lo com a respiração.

Depois de trabalhar as diferentes vogais em uma única nota, é hora de dar um passo adiante e trabalhar as vogais com alteração de frequência. Escalas em graus conjuntos, ascendentes e descendentes são ideais, como nos exemplos das duas figuras a seguir.

Figura 4.15 – Exercício de manutenção do formante com alteração na altura (descendente)

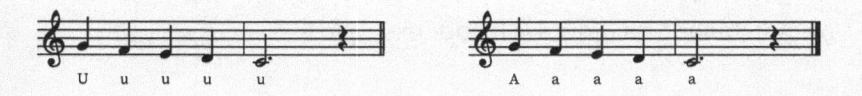

U u u u u

A a a a a

Figura 4.16 – Exercício de manutenção do formante com alteração na altura (ascendente)

U u u u u

A a a a a

Para que o coralista desenvolva segurança no que se refere à manutenção do espaço de ressonância, mas com a habilidade de trocar as notas mais rapidamente, evolua os *vocalises* para graus conjuntos, com maior velocidade e alternância entre as vogais, como no exemplo da Figura 4.17.

Figura 4.17 – Exercício de controle de formantes com alteração na altura e na velocidade

Ih - - - - Eh - - - - - Ah - - - - Ah

Nesse caso, a proposta é que o exercício seja feito em uma única respiração e com articulação em legato, mas, em um primeiro momento, isso pode ser bastante desafiador para cantores menos experientes. Vá aos poucos, em uma velocidade mais lenta, permitindo uma respiração entre as trocas de vogais. Também é possível incluir uma consoante para ajudar a firmar o ataque da vogal, como o V adicionado na Figura 4.18, por exemplo.

Figura 4.18 – Exercício de manutenção do formante com alteração na altura e na velocidade

Vocalises são ferramentas de aprendizagem para os cantores. Precisamos deixar claras as razões de aplicarmos determinado exercício com o coro. Exercícios vocais não são aquecimento e têm como objetivo um treinamento e um condicionamento muscular, acústico, articulatório, respiratório e de propriocepção do cantor.

Entonação vocal

A entonação vocal é natural na voz falada. Nossa voz consegue demonstrar alterações que permitem ao ouvinte perceber se estamos sentindo, por exemplo, raiva, frio, nojo ou amor. Experimente este exemplo simples: fale as duas frases a seguir em voz alta:

- Eu amo muito meu gato. Ele é querido demais!
- Odeio essa comida. Me dá nojo!

Provavelmente, você falou as duas frases de formas completamente diferentes, a menos que seja um robô. A entonação faz uso dos articuladores, da pressão, dos ressonadores, do ritmo, da respiração e da musculatura para alterar as qualidades sonoras e, assim, expressar sentimentos e sensações ao ouvinte.

Se na fala a entonação é a variação da altura e do ritmo da voz, na música, a entonação tem a ver com a afinação da voz. Quando cantamos em grupo, costumamos perder a referência da própria voz, principalmente em coros grandes. A massa sonora parece cobrir o que estamos cantando.

Com o passar do tempo, os coralistas compreendem como desenvolver esse tipo de percepção e ter um melhor controle sobre a entonação da própria voz. Mas como desenvolver isso em grupo?

Uma sugestão é trabalhar com exercícios de afinação por naipes. É importante que os naipes entendam a importância de uma entonação correta e o impacto disso no todo. É preciso que o coralista aprenda a ouvir o grupo quando está cantando.

No exercício proposto na Figura 4.19, fique à vontade para escolher uma vogal de sua preferência. A ideia é que as extremidades do coro, sopranos e baixos, afinem a oitava. Na sequência, as vozes internas irão completar o acorde. Os tenores devem entoar a quinta e, por fim, os contraltos completam o modo do acorde cantando a nota Mi.

Figura 4.19 – Exercício de afinação em grupo: sustentação

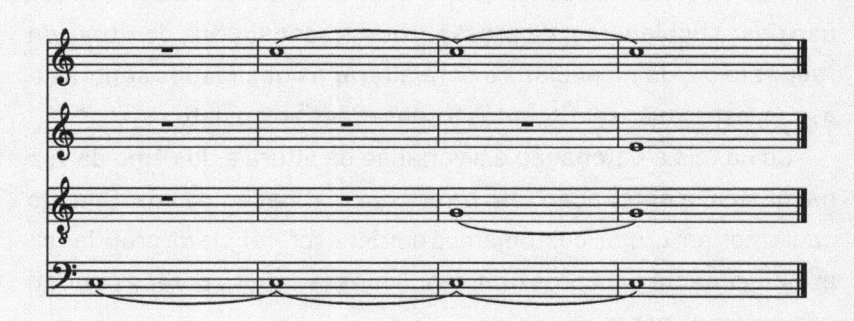

Na repetição, desafie o naipe de contraltos para que cantem o Mi Bemol, tornando o acorde menor. Esse exercício é possível de ser executado retirando acordes do próprio repertório. Isola-se um acorde e, em cima dele, trabalha-se uma afinação mais apurada, convidando o coro a se ouvir melhor, a entender como a qualidade da nota que está sendo cantada impactará o som do coro.

Também é possível trabalhar a afinação com encadeamentos harmônicos curtos, criados para esse fim ou também retirados do repertório, como o exemplo na figura a seguir, que apresenta um encadeamento simples.

Figura 4.20 – Exercício de afinação em grupo: encadeamento harmônico

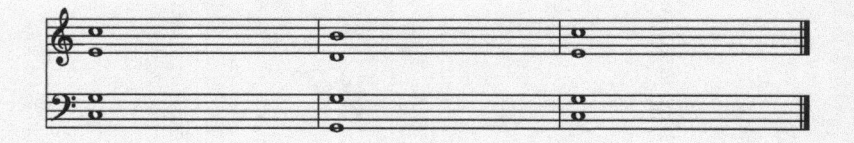

Claro que o repertório do grupo deve ser observado. Se seu coro trabalha um repertório cuja base harmônica é repleta de dissonâncias, selecione alguns desses acordes e crie exercícios de afinação nos quais o grupo será capaz de cantar e ouvir essas notas. Trabalhe a afinação das dissonâncias em grupo.

Busque esclarecer para o coro o motivo de se fazer esse tipo de exercício: "Pessoal, vamos afinar o primeiro acorde do compasso 18. Faremos mais lento, afinando cada nota. Preciso que prestem atenção nas entradas de cada naipe enquanto cantam".

Sempre coloque seus coralistas em uma posição mais ativa com relação ao próprio aprendizado, fazendo-os analisar e questionar os processos durante o ensaio, para que se tornem conscientes. Para isso, em exercícios de afinação, faça com que eles escutem o som do coro e indiquem os ajustes que precisam ser feitos. A intervenção do regente deve acontecer para orientar o grupo enquanto a percepção dos coralistas ainda está sendo desenvolvida.

Precisão rítmica

Em um primeiro momento, algumas pessoas podem acreditar que a precisão rítmica do coro depende de um treinamento prévio de leitura rítmica. Acreditamos que a precisão rítmica tem uma forte conexão com uma boa dicção e o domínio textual. Um coro que articula o texto com precisão tem maiores chances de manter a afinação e a linha rítmica. Como grande parte dos textos seguem a prosódia da palavra falada (obviamente, não o tempo todo), é possível aproveitar esse fator para melhorar a leitura e a execução rítmica do grupo.

Experiência da autora

Observo que, no canto coral, até mesmo por conta de seu caráter contrapontístico e polifônico, muitas vezes, o texto acaba ficando ininteligível para o ouvinte. Da mesma forma, sei que, geralmente, começamos a ensaiar uma música diretamente pela sua linha melódica, fazendo com que o texto fique em segundo plano.

Portanto, gosto de começar o trabalho com uma música sempre pelo texto e pelo ritmo. A seguir, listo uma sequência de propostas que pode ser usada com o coro no início de uma música nova. Não é necessário fazer todos os exercícios de uma única vez.

1. Peça para que um cantor leia o texto.
2. Convide o grupo a debater sobre o significado do texto e, quando necessário, sobre sua tradução.
3. Proponha que outro cantor leia o texto alterando a entonação do primeiro leitor.
4. Proponha que um naipe leia junto, fazendo com que tenha de se ouvir para conseguir encaixar o texto.
5. Peça ao grupo que encontre lugares de pausa (pausa dramática) e de respiração no texto.
6. Sugira um caráter expressivo para a leitura: feliz, triste, ansioso, com raiva.
7. Peça ao coro que identifique trechos do texto nos quais essas características de expressividade possam se encaixar. Depois, solicite que leia o texto com essas alterações na entonação, fazendo com que utilize mais de uma expressão na mesma música.

8. Sugira ao coro que repita o texto com uma articulação bastante exagerada de todas as consoantes. Ao final, pergunte qual foi o resultado sonoro.
9. Sugira ao coro que repita o texto, mas agora com ênfase na sustentação das vogais. Pergunte, novamente, qual foi o resultado sonoro.

Após trabalhar com o texto, apresente as células rítmicas mais comuns de forma isolada (eu aproveito para incluí-las nos exercícios de técnica vocal, pois os cantores já se familiarizaram). Ainda sem entonar a altura da melodia de cada naipe, insira o texto falado em cima da linha rítmica da música.

Esse passo, com corais iniciantes, é fundamental para a construção da ideia rítmica, da segurança e da precisão de execução que o coro terá sobre a música no futuro.

Quando partimos da voz falada, estamos dando ao coralista iniciante a oportunidade de se desenvolver sobre uma ferramenta que ele já tem domínio, pois falamos muito mais e há muito mais tempo do que cantamos.

Outra situação que costuma aparecer nos ensaios e que deixa os regentes enlouquecidos é o adiantamento ou a prolongação de algumas consoantes, como o som do S sibilante, que parece ter vida própria nos corais. Vamos simular uma situação. O coro precisa cantar o trecho apresentado na Figura 4.21.

Figura 4.21 – Trecho musical para simular adiantamento ou prolongação de consoantes

[trecho musical com as sílabas: As — a - - - - sas]

Creio que, por conta da escrita e também da insegurança sobre a duração da primeira nota, a tendência é do S de AS ser antecipado pelos coralistas. Os regentes sabem que esse S deverá ser ligado, com som de Z, à primeira vogal de ASAS, mas os cantores não sabem. Se a partitura viesse escrita da forma proposta na Figura 4.22, praticamente metade dos problemas já estariam resolvidos.

Figura 4.22 – Como soar o trecho da Figura 4.21

[trecho musical com as sílabas: A — Za - - - - sas]

Claro que, nessa proposta, seria difícil ler o significado da palavra, além de que nem sempre temos tempo de criar partituras personalizadas para os nossos grupos.

> **Experiência da autora**
>
> Costumo explicar em que região realizar a articulação e peço que os coralistas identifiquem essas situações na própria partitura, fazendo as anotações necessárias para que se recordem disso quando forem executar o trecho.

O mais importante é que o coro entenda o momento de articulação de algumas consoantes cujas notas precisam ser sustentadas. A consoante não sustenta som algum (salvo raras exceções); portanto, a duração do tempo precisa ser cantada pela vogal, e não pela consoante.

Dedicar um momento do ensaio somente para identificação e correção desse tipo de ajuste é um excelente investimento de tempo, pois esse aprendizado permanecerá nas demais músicas do repertório do coro.

Softwares de apoio para o regente e o coro

Para finalizar este capítulo, apresentaremos alguns recursos tecnológicos que podem apoiar regente e coro no processo de estudo da voz.

Um dos *softwares* utilizados para criar os exemplos foi o **Overtone Analyzer**. Faça o *download* no *site* oficial e repita os experimentos mostrados neste capítulo. Existe uma versão gratuita do *software*, com funções limitadas, mas que permite realizar vários experimentos vocais. Acesse o *site* pelo QR Code a seguir.

Figura 4.23 – QR Code: Overtone Analyzer

Outro recurso incrível a ser utilizado com o coro é o **SongMaker**, do Chrome Music Lab. O Chrome Music Lab é um laboratório *on-line* de música, ou seja, pode ser acessado diretamente do seu navegador.

O SongMaker tem a opção de microfone. A plataforma identifica as notas que a pessoa canta e as coloca em uma escala musical. Assim, cada coralista pode explorar as diferentes alturas da sua voz e desenvolver de modo mais preciso a entonação da voz cantada.

A seguir, listamos alguns vídeos com exemplos muito interessantes de tipos de técnicas de canto com as quais não temos tanto convívio no Brasil. Confira também alguns exemplos de uso dos registros trabalhados neste capítulo.

Figura 4.24 – QR Code: Registros vocais

Resumo da ópera

Neste quarto capítulo, abordamos as principais características dos registros vocais, exemplo de cantores e formas como utilizam tais registros. Abordamos também a classificação vocal no canto coral amador, cujas características vocais diferem consideravelmente de cantores profissionais.

Analisamos os formantes do cantor, os tipos de vibrato e alguns exercícios que colaboram com a aplicação de todo esse conteúdo.

Ao final do capítulo, vimos exercícios para homogeneização sonora do coral, entonação vocal e precisão rítmica, possibilitando uma reflexão de como o regente pode elaborar atividades que atendam às características de seu coro.

Teste de som

1. No registro modal, encontramos os subregistros mais utilizados no canto popular. O registro modal contém quais sub-registros?
   a) *Fry* e basal.
   b) Voz de peito, voz elevada e voz nasal.
   c) Voz grave, voz média e voz elevada.
   d) Voz de peito, voz mista e voz de cabeça.
   e) Nenhuma das alternativas anteriores está correta.

2. Quais são as principais características que devemos observar quando vamos fazer a classificação vocal de um cantor iniciante?
   a) Extensão e tessitura vocal.
   b) Cor de voz e lugares de predominância de ressonância.

c) Soprosidade em determinada região da voz.
d) Região que apresenta maior dificuldade para entoar a nota.
e) Todas as alternativas anteriores estão corretas.

3. Sobre os formantes, analise as afirmações a seguir.
    I) São faixas de frequência que ficam em evidência em virtude da formatação do trato vocal.
    II) Os formantes do cantor são: F3, F4 e F5.
    III) *Formantes* é outro nome que damos para *níveis de ressonância da voz*.

    Agora, assinale a alternativa correta:

    a) Todas as afirmações são verdadeiras.
    b) As afirmações I e II são verdadeiras.
    c) As afirmações II e III são verdadeiras.
    d) As afirmações I e III são verdadeiras.
    e) Nenhuma das afirmações é verdadeira.

4. Sobre o vibrato, analise as afirmações a seguir.
    I) Existem três tipos de vibratos, os quais podem ser utilizados como recursos interpretativos nas canções, respeitando as características estilísticas. São eles: vibrato laríngeo, vibrato diafragmático e vibrato misto.
    II) O vibrato laríngeo promove alteração na frequência da nota, e o vibrato diafragmático promove alteração no fluxo de ar.
    III) O vibrato misto é o primeiro que deve ser treinado, pois é mais fácil fazer a prega vocal vibrar por conta da passagem do ar na laringe.

Agora, assinale a alternativa correta:

a) Todas as afirmações são verdadeiras.
b) As afirmações I e III são verdadeiras.
c) As afirmações II e III são verdadeiras.
d) As afirmações I e II são verdadeiras.
e) Nenhuma das afirmações é verdadeira.

5. Sobre precisão rítmica e homogeneização do som coral, analise as afirmações a seguir.

   I) A homogeneidade do som do grupo depende, em grande parte, da quantidade de coralistas. Quanto maior o grupo, mais fácil homogeneizar.
   II) Articular o texto com precisão dá mais chances de manter a afinação e a linha rítmica.
   III) Cantar com dicção menos precisa pode prejudicar a afinação do grupo.

Agora, assinale a alternativa correta:

a) Todas as afirmações são verdadeiras.
b) As afirmações I e III são verdadeiras.
c) Somente as afirmações II e III são verdadeiras.
d) As afirmações I e II são verdadeiras.
e) Nenhuma das afirmações é verdadeira.

Treinando o repertório

Questões para reflexão

1. Como o regente deve escolher os locais em que o coro deve fazer um vibrato na voz? Escolha um arranjo coral e indique em quais lugares esse recurso vocal seria bem utilizado.

2. Sobre registros vocais, como o regente pode utilizar a sonoridade de cada registro da voz como recurso interpretativo? Escolha um arranjo coral e teste as diferentes possibilidades, principalmente do registro modal, que é o mais utilizado na música popular.

3. Analise alguns exercícios vocais e descreva o motivo da inserção das consoantes e das vogais. Em seguida, justifique a escolha da melodia e explique o motivo de ela ser como é. Qual seria uma modificação possível a ser feita nesse exercício? Por quê?

Atividade aplicada: prática

1. Escolha uma música que esteja trabalhando com seu coral ou que queira trabalhar no futuro. Analise as características do estilo da obra e crie cinco exercícios que desenvolvam a sonoridade, a dicção e a afinação do coro. Descreva e explique as decisões que tomou para criar esses exercícios e que relação eles têm com a música escolhida.

Capítulo 5

PREPARAÇÃO PARA O ENSAIO CORAL

O estudo pessoal do regente coral é um dos mais interessantes: analisamos sozinhos uma música que deve ser feita em conjunto com dezenas de pessoas. Então, como podemos construir essa sonoridade e nos preparar para darmos um bom ensaio?

Além disso, em grupos tão heterogêneos como costumam ser os corais amadores, a preparação do regente envolve a compreensão de estratégias de ensino, preparação vocal, escolha de repertório, enfim, um planejamento bastante detalhado.

Ao longo dos anos, vamos desenvolvendo experiência e automatizando alguns processos, mas, quando estamos iniciando, é comum nos sentirmos perdidos e não sabermos por onde começar a preparar um ensaio coral.

Neste capítulo, abordaremos temas como a relação entre corpo e voz, exercícios de aquecimento e técnica vocal, o auxílio que o alfabeto fonético internacional dá ao regente quando há repertório estrangeiro e a questão da saúde vocal.

Antes de entrarmos nesses assuntos, trataremos da preparação individual que o regente coral deve ter antes de chegar ao ensaio, cara a cara com seu grupo. Aprender a estudar sozinho e analisar e adiantar possíveis problemas que o coro enfrentará no repertório escolhido são as maiores habilidades que um regente precisa ter, pois sua *performance* acontece também no ensaio coral, e não no palco, como muitos pensam.

5.1 Ouvido polifônico

Tanto para coro quanto para orquestra, a sugestão é de que o regente toque um instrumento harmônico. Claro que isso não é uma exigência, mas uma sugestão baseada na experiência de quem já esteve à frente de um grupo com diversas vozes e/ou instrumentos.

O regente precisa desenvolver um ouvido polifônico, pois é importante aprimorar uma habilidade que o permita ouvir as diversas vozes de seu coro, identificando timbres, localização, respirações individuais, desafinações, entre outros. Além disso, trata-se de uma habilidade que não será aplicada apenas a repertórios polifônicos.

Experiência da autora

De fato, tocar um instrumento harmônico ajuda consideravelmente, da mesma maneira que ter cantado em algum coral antes de se aventurar a reger. Comecei a reger com 15 anos de idade e tocava um pouco de piano, embora participe de coros desde meus 6 anos de idade. Isso me deu bastante consciência sobre a prática e a cultura coral.

Vou propor agora alguns exercícios que o regente pode fazer a fim de se preparar melhor para lidar com a polifonia musical do seu coral.

- Aprenda a cantar/tocar todas as linhas. Sim, todos os naipes. O regente geralmente precisa cantar os trechos para os cantores como referência e precisa conhecer cada trecho para acompanhar a execução de cada naipe.
- Escolha uma linha para cantar enquanto toca, no seu instrumento, outra linha simultaneamente. Se seu instrumento for canto, procure na internet alguém cantando a linha de outro naipe e tente fazer um dueto.

> Aqui vale uma história: certa vez, decidi fazer um moteto do Palestrina com meu grupo. Eu mesma nunca tinha cantado um moteto renascentista, nem na minha carreira como cantora de coral, nem mesmo na faculdade de Música. Eu não sabia por onde começar o ensaio.
>
> Então, fiz o exercício de cantar uma voz e tocar a outra, até que cheguei à incrível marca de cantar a linha da soprano, tocar, no piano, com a mão direita a linha do contralto, com a esquerda a linha do tenor e com o pé direito a parte rítmica da linha do baixo. Tudo ao mesmo tempo!
>
> Foi muito difícil fazer isso, mas me deu uma segurança sobre as entradas de cada grupo e as referências que cada naipe precisava ter para entrar corretamente, e eu repeti esse estudo várias vezes com outras músicas. Chegou um momento em que não precisei mais me preparar dessa forma, pois havia entendido o conceito da polifonia contrapontística.

A parte mais interessante nesse processo é que identificamos os trechos difíceis para os cantores, pois, se está difícil para o regente, imagine para os coralistas. Além disso, tudo fica absurdamente mais claro quando ouvimos o coro cantando. A polifonia vira um verdadeiro cristal de tão nítida.

Neste capítulo e no próximo, abordaremos outros assuntos relacionados à preparação e à técnica de ensaio.

5.2 Relação corpo e voz

Quando um violinista está gripado, ele se sente mal, fica indisposto, mas o violino não fica com muco nas cordas (pelo menos não deveria). Quando trabalhamos com a voz, o cenário é completamente diferente: qualquer alteração hormonal ou no quadro de saúde do indivíduo acarretará mudanças na qualidade vocal.

A relação corpo e voz é extremamente importante para todo profissional da voz, assim como para os cantores leigos. Demonstramos anteriormente os processos fisiológicos e acústicos envolvidos na fonação, mas é importante ressaltar que somente esses dois aspectos não são determinantes para a voz humana. A percepção sobre o próprio corpo, bem como as saúdes mental e física, podem alterar a qualidade da voz. Quando estamos cansados, nossa voz não tem a mesma *performance* de quando estamos descansados. E essa mesma lógica se aplica quando estamos tristes, angustiados ou eufóricos. Como nossa voz se manifesta em nosso corpo, tudo o que somos e fazemos implica na nossa qualidade sonora.

Além de tudo isso, é necessário trazer à luz que nossos corpos se relacionam com outros corpos e outros espaços. No canto coletivo, isso se mostra fundamental para a troca que temos durante um ensaio ou uma apresentação. Do mesmo modo, temos uma relação corporal com o público do canto coral.

De acordo com Lima (2016, p. 13): "O corpo como indivíduo tem identidade, características específicas, particulares [...]. Porém quando se trata do corpo no coletivo, outro corpo é formado, pois agora não é apenas o indivíduo, mas o indivíduo sob influências de outros que se fazem presentes no mesmo espaço".

Durante os ensaios, podemos criar diferentes abordagens para desenvolver a propriocepção corporal dos nossos coralistas e também essa inter-relação com o outro e com o público.

Se prestarmos atenção em como ensaiamos com os nossos coros, a tradição que costuma ser replicada é: passamos as linhas com os cantores sentados, separados por naipes. Eventualmente, solicitamos aos cantores que fiquem em pé para cantarem um trecho que precisa de um apoio respiratório mais consciente, mais firme. Na sequência, eles voltam a sentar.

O corpo e sua expressividade são pouco explorados durante os ensaios e, quando muito, cobramos uma postura melhor simplesmente pela preocupação com o apoio respiratório. Errado não está, mas, assim como um bom violão é feito de madeira nobre para ter uma sonoridade superior, explorar as possibilidades expressivas do corpo do cantor é fundamental para que a sonoridade e a expressividade desse instrumento sejam as melhores possíveis.

É necessário planejar a inclusão de exercícios corporais em todos os ensaios, assim como fazemos com os exercícios de técnica vocal. "Ah, mas meu coro não é cênico". A proposta não se trata de uma abordagem possível apenas para coros cênicos, mas do desenvolvimento de uma relação entre corpo e voz, da ampliação da propriocepção corporal e, assim, de um consequente melhor uso do corpo para o ato de cantar.

Fazemo-nos presentes na sociedade pela expressividade do nosso corpo. Justamente por isso a prática do canto coral, principalmente o infantojuvenil, deveria ser mais incentivada no Brasil. A construção da nossa imagem e da nossa voz passa pela percepção de quem somos e como nos expressamos no mundo.

Émile Henri Jaques-Dalcroze (1865-1950) criou uma metodologia chamada *euritmia*, que consiste na correspondência entre corpo, movimento e som. *Arritmia* significa "não ter regularidade rítmica"; já *euritmia* é uma palavra de origem grega: *eu* + *rythmos*.

Jacques-Dalcroze foi professor no conservatório de Genebra. Ele percebeu que seus alunos estavam aprendendo música de forma mecânica e calculada e não de maneira musical e expressiva. Essa experiência o fez notar que a música poderia ser vivenciada por meio do movimento corporal e que o corpo deveria ser treinado para isso, para que cada gesto deixasse de ser mecânico e se tornasse um gesto com significado musical.

> Ponho-me a sonhar com uma educação musical na qual o próprio corpo desempenharia o papel de intermediário entre os sons e o pensamento e tornar-se-ia o instrumento direto de nossos sentimentos – em que as sensações do ouvido se tornariam mais fortes, graças àquelas provocadas pelas múltiplas matérias suscetíveis de vibrar e ressoar em nós: a respiração dividindo os ritmos das frases e as dinâmicas musculares traduzindo as dinâmicas que ditam as emoções musicais. (Jacques-Dalcroze, 2010, p. 222-223)

Experiência da autora

Com meus coros, sou bastante incisiva com a seguinte abordagem: peço que decorem as músicas para que, sem a partitura, possamos explorar outras possibilidades sonoras. Sempre penso: se o cantor não estiver com a partitura na cabeça, sua cabeça é que estará na partitura.

> Na verdade, desde os primeiros momentos de aprendizado, procuro ir abandonando a partitura, pois, a meu ver, ela deve ser apenas um recurso, um mapa, e não um apoio constante. Claro que, com obras extensas e com muitas vozes, fica bem complicado pedir ao coro que saiba tudo de cor, mas sabemos que a realidade dos grupos amadores é que as peças costumam ser curtas.
>
> Além disso, memorizar as obras é uma habilidade que o coro adquire com o tempo. Em um primeiro momento, parece algo impossível de ser feito, porém é um hábito que pode ser construído.

Retomando a relação corpo e voz, é importante entender que, muitas vezes, podemos sofrer à toa com trechos em contratempo, como aqueles que poderiam ser facilmente resolvidos com o auxílio de movimentos corporais.

Experiência da autora

> Lembro-me bem de uma vez que fomos ensaiar uma música africana chamada *Amavolovolo*, cujo ritmo inicial, em anacruse, apresenta um contratempo. O coral não conseguia fazer! Eu tocava, cantava, repetia incessantemente, mas parecia que eles não estavam ouvindo a mesma coisa que eu. O início era assim:

Figura 5.1 – Trecho inicial da música *Amavolovolo*

Nge - ke   sy - ie   le   la Kwa - ma - shu

E o grupo cantava desta forma:

Figura 5.2 – Como o coro cantava o trecho inicial da música *Amavolovolo*

Nge - ke   sy - ie   le   la Kwa - ma - shu

Não adiantou falar sobre a duração das figuras rítmicas e que era um contratempo, nem cantar e reger. A única coisa que resolveu foi colocar o corpo "na jogada".

Pedi para o grupo se levantar, abandonar as partituras e trabalhar inicialmente com o texto. Em seguida, fui incorporando outros elementos:

- Primeiro pedi que falassem um longo *nhêque* (*nge-ke*), sem contexto com a música (*nhêêêêque*).
- Na sequência, pedi que fizessem um movimento corporal que imitasse essa sílaba mais longa. Cada um poderia fazer o seu. Era livre. Nesse ponto, foi possível perceber que algumas pessoas conseguiam conectar o corpo com a produção sonora de uma forma

bastante natural, ao passo que outras apresentavam dificuldades por timidez, falta de habilidade ou falta de repertório de movimentos corporais.

- Ainda trabalhando só com o texto e os movimentos, solicitei que, enquanto eu falasse "um, dois, três e **já**", eles deviam ficar mais abaixados. Somente após o *já* deveriam erguer o corpo fazendo o movimento escolhido e cantando o *nhêque* longo. Isso foi se repetindo até o grupo criar uma simbiose. Portanto, sem contagem musical, apenas com o comando *já*, o grupo foi aprendendo a responder imediatamente após um estímulo, reproduzindo na voz e com movimentos corporais a palavra *nhêque*, mantendo sempre a primeira sílaba mais longa.

- Por fim, troquei o comando "um, dois, três e já" por "um, dois, três" (já mantendo um pulso). A ideia era a mesma: fazer o movimento falando a palavra *nhêque* longa, imediatamente após eu terminar de dizer *três*.

Após algumas repetições, o grupo estava respondendo muito bem. Então, era a hora de colocar a melodia. Incorporamos a melodia, ainda com os movimentos corporais. Por último, colocamos o piano acompanhando. O grupo havia entendido com o corpo como funciona um contratempo.

Com o passar dos ensaios, entendi que precisava sempre reforçar esse conceito e fui trocando a proposta: ora com palmas, ora com o pé, mas sempre fazendo com que respondessem com o corpo a um estímulo: o tempo. Para que o coro execute um contratempo com segurança, precisa dominar o tempo.

Foi possível também dividir o coro para que metade marcasse o tempo enquanto a outra metade executava o contratempo. O fato

> é que, ao final do semestre, eu não precisava sequer reger o grupo para que o contratempo fosse feito com a intenção correta, pois eles sentiam o tempo e faziam sua expressividade acontecer no contratempo. Foi um processo inesquecível!

Algo ainda pouco discutido sobre a relação corpo e voz no canto coral é como preparamos os coros para as apresentações quanto ao espaço. Quem nunca viu um coral demorar mais de três minutos para se arrumar em um palco que atire a primeira pedra!

💬 Experiência da autora

> Na minha metodologia de ensaio, passei a incluir momentos nos quais treinamos entradas e saídas de palco e possíveis posicionamentos. Com tantas surpresas que tive ao longo da carreira, hoje chego ao ensaio com a metragem do espaço que o coro tem para cantar. Pode parecer exagero, mas diminuí consideravelmente o tempo de organização do coral no palco, e acho que, às vezes, o público tem muita paciência com essa desorganização que costuma acontecer.

Fazendo essa preparação, o coral se sente mais confiante. O palco por si só já é imponente o suficiente para botar medo até em cantores experientes. Cantar com medo por estar posicionado em um local errado é arriscado demais. Cantores se acostumam a cantar ao lado das vozes que sempre cantam nos ensaios e, por falta de planejamento, esse posicionamento pode ser modificado na hora de uma apresentação, o que pode comprometer a sonoridade e a confiança do coro.

Avalie um coro profissional e observe se, ao entrar em um palco, o regente precisa apontar com as mãos onde cada cantor precisa se posicionar – a resposta será não. Essa postura pode ser cobrada pelo regente de coros iniciantes: não é porque são iniciantes e amadores que precisam fazer menos do que podem ou ser totalmente dependentes de um comando do regente.

É importante saber se posicionar em espaços diferentes e, principalmente, fazer a voz ocupar tais espaços. Se ensaiarmos sempre com o mesmo posicionamento, o mesmo corpo, como podemos lidar com tantos espaços diferentes nas dezenas de apresentações que os coros fazem ao longo de uma temporada?

Confira, a seguir, algumas ideias de como incluir preparação corporal no ensaio coral.

- Escolha uma das músicas do repertório. Coloque-a para tocar como base para o exercício. Peça para que os cantores circulem pela sala respeitando o andamento da música. Eles conectarão o próprio andar e o próprio corpo com o andamento da canção.
- Quando a linha é muito contrapontística, o regente pode solicitar que façam o mesmo exercício do tópico anterior, porém andando **somente** quando a linha do seu naipe estiver cantando a melodia principal. Nesse exercício, fica visível quem ainda não entendeu os planos sonoros entre melodia principal e acompanhamento.
- Com ou sem música ao fundo, peça que o grupo circule pela sala seguindo a regra principal de jamais deixar um buraco aparecer. Em outras palavras, todos os espaços devem ser preenchidos enquanto estão andando. Logo, todos precisam prestar atenção no próprio corpo, mas também no espaço e no corpo do outro.
- Use bolinhas de borracha pequenas (como bolinhas de tênis) e, em pequenos círculos de cantores, proponha que cantem e

joguem as bolinhas para os colegas. Essa troca deve ser feita no andamento da música. Isso ensina preparação, pois, para que a bolinha chegue ao colega no tempo certo, os cantores precisam se preparar um ou dois tempos antes para fazer o arremesso.

Experiência da autora

Certa vez, quando estávamos ensaiando *O Circo Místico*, levei barbantes para que os cantores criassem movimentos utilizando um cordão, como a música mesmo cita. Eles tinham de cantar e criar movimentos que, preferencialmente, tivessem a ver com a linha melódica que faziam. Podiam interagir com outros cantores, sem problema algum.

O resultado sonoro e o resultado cênico ficaram tão bonitos que decidimos levar esse exercício para o palco. Ao final da música, quando o coro cantava "Não sei se é vida real/Um invisível cordão/Após o salto mortal", todos os coralistas seguraram o cordão até o término da nota. Quando terminaram de cantar, simplesmente soltaram o barbante e ele caiu no chão.

Nesse caso, eu não regia o grupo. O interessante foi poder observar a reação da plateia pela simples inserção de um elemento, o barbante. De certa forma, parecia que o coro estava segurando a plateia na ponta desse fio.

Trabalhe a relação corpo e voz durante os ensaios, ainda que o grupo cante estático em um tablado. A presença corporal e a confiança desenvolvidas nesse trabalho refletem na forma como o coro realiza a sua *performance* no palco.

Nesta seção, mencionamos alguns exercícios e experiências pessoais. Entretanto, a área de teatro tem muito material sobre preparação corporal e propostas de exercícios que podem ser adaptadas para os ensaios corais.

5.3 Preparação de exercícios de aquecimento, articulação e ressonância

"A técnica vocal tem que estar a serviço da música. Ela é tão viva quanto a música, e só existe em função dela. Portanto, ela tem que soar como a música que queremos cantar" (Goulart; Cooper, 2000, p. 11). Primeiramente, gostaríamos de abordar aquecimento vocal e técnica vocal. Consideramos que o aquecimento vocal é algo completamente diferente de técnica vocal, e isso costuma ser tratado da mesma forma nos ensaios corais.

Se pensarmos em um técnico da seleção de vôlei preparando seus atletas, fica evidente a diferença entre o treinamento muscular e o treinamento de fundamentos: sacar, cortar, defender e bloquear. Assim como fica claro também que é preciso simular o jogo durante o treino. Pois bem, quando o assunto é voz, isso acontece da mesma forma. Em um ensaio coral, o aquecimento vocal é o alongamento que fazemos nos músculos da laringe, é a preparação para o ato de cantar, seja ele um ensaio, seja um momento de técnica vocal, seja até mesmo os dois.

Scarpel (1999, p. 14) afirma que o "aquecimento ajuda o atleta a preparar-se também psicologicamente para um evento. A atividade prévia prepara mentalmente para a prova, de forma que sua atenção e a concentração estejam focalizadas no desempenho que se aproxima".

Portanto, a técnica vocal tem mais relação com o condicionamento muscular do que com o aquecimento. O cantor faz um exercício vocal para aumentar a velocidade da passagem das notas, por exemplo. Para isso, é necessário que a voz tenha passado, preferencialmente, por um aquecimento muscular anterior.

Você pode estar se perguntando: "E se eu quiser ir direto para a técnica vocal?".Terá o mesmo efeito que um maratonista correr a São Silvestre sem alongar a musculatura do corpo: pode ser que não se machuque, mas pode forçar a musculatura e sair lesionado.

5.3.1 Aquecimento vocal e relaxamento corporal

O aquecimento prepara a musculatura para o ato de cantar. É um aviso que damos para o corpo: "Olha, vou cantar! Vou usar a laringe de um jeito diferente! A respiração também vai mudar um pouquinho, tudo bem?".

No caso do canto coral, acabamos envolvendo também o alongamento corporal, pois, como explicamos anteriormente, o corpo é o nosso instrumento e, se estivermos com a musculatura tensa, principalmente a região de ombros e pescoço, isso poderá afetar diretamente a qualidade da voz.

Alguns exercícios de alongamento podem ser feitos no início do ensaio para ajudar no relaxamento da musculatura extrínseca, como:

- espreguiçar-se;
- bocejar;
- rotacionar lentamente a cabeça para ambos os lados;
- rotacionar lentamente a cabeça para cima e para baixo;

- rotacionar os ombros para trás e para frente;
- com a mão direita, puxar a cabeça para o lado direito do corpo, esticando o pescoço do lado esquerdo e vice-versa;
- encostar o queixo no pescoço e apoiar as duas mãos para baixo na parte de trás da cabeça.

Agora, vejamos algumas sugestões de exercício de respiração, as quais sensibilizam e alongam a musculatura envolvida no canto da mesma maneira:

- **Espaguete**: Consiste em sugar o ar com a boca em formato de U, fazendo com que o músculo esternotireoideo (ET) abaixe. Esse mecanismo é fundamental para o canto e trabalha com a musculatura extrínseca. Vale relembrar que a estabilidade da laringe é fundamental para um bom controle vocal. Deve-se realizar uma série com cinco espaguetes longos (dez segundos) e três séries com dez espaguetes curtos (*staccato*).
- **"Snif"**: Consiste em puxar o ar pelo nariz de forma rápida, o que também abaixa a musculatura da laringe. O "snif" é o exercício mais perceptível de abaixamento de laringe, principalmente para vozes com pouco treino (o espaguete pode ser mais difícil de ser percebido pelos cantores). Deve-se realizar três séries com cinco "snifs" cada.
- **Abertura e sustentação de costela**: A gente não pensa para respirar no dia a dia, mas no canto a respiração precisa ser bastante consciente. É necessário fazer exercícios para ativar uma respiração mais baixa e mais profunda, conhecida como *respiração costo-diafragmático-abdominal*. Muitos cantores podem apresentar dificuldade na execução desse exercício. Uma sugestão é que se sentem em uma cadeira, desçam o tronco em direção

ao chão, com as pernas abertas, e respirem profundamente. Nessa posição, o corpo não terá outra alternativa a não ser abrir as costelas, ainda que de maneira tímida. O cantor pode tentar subir seu tronco aos poucos, tentando manter a respiração baixa.

É importante lembrar que, no uso cotidiano da voz, dificilmente precisaremos manter as costelas abertas enquanto falamos, então precisamos ter paciência com nossos cantores e sempre incluir esse tipo de exercício durante o aquecimento, além de incluir essa habilidade no repertório executado pelo coro.

Experiência da autora

Geralmente, fazemos o aquecimento seguido pela técnica vocal. Atualmente, confesso que estou diluindo a técnica vocal ao longo do ensaio – principalmente pelo fato de o coro, muitas vezes, cantar músicas de estilos completamente diferentes, que exigem ajustes distintos.

Assim, sempre realizo o aquecimento vocal antes de iniciar qualquer trabalho com o coro e, na sequência, defino a melhor abordagem. Dependendo do repertório, vou direto a ele e deixo para trabalhar *vocalises* mais específicos durante o ensaio, entre uma música e outra, ou entre trechos que ainda tenham necessidade de melhoria.

Para elaborar um plano de desenvolvimento de técnica vocal do grupo, é preciso avaliar o material humano que temos, as dificuldades exigidas pelo repertório e a sonoridade ideal com a qual gostaríamos de trabalhar. Com essas cartas colocadas na mesa, podemos pensar em algumas abordagens, pois já estudamos

> anteriormente fonética articulatória, formantes e aparelho fonador, o que nos dá um embasamento para a elaboração de *vocalises* com propósitos bastante específicos.

5.3.2 Exercícios articulatórios

Fernandes, Kayama e Östergren (2006b, p. 40) apontam: "Existem aqueles que, por não planejar seus ensaios e a aplicação da técnica vocal no repertório, utilizam um número exagerado de vocalises aprendidos em cursos diversos, acreditando que conseguirão bons resultados através deste trabalho".

Tratamos anteriormente das características de articulação das vogais e das consoantes no português brasileiro. Indicamos também que uma boa dicção é responsável por grande parte da precisão rítmica e, até mesmo, pela afinação de um grupo coral. Uma dicção pouco precisa fará com que o som do grupo não tenha estrutura.

Assim, *vocalises* articulatórios procuram desenvolver a musculatura para que ela se fortaleça e consiga constituir um som coral de qualidade. Utilizando alguns grupos de consoantes e vogais, temos uma boa série de *vocalises*: vibrantes, fricativas e vogais, os mais comuns que encontramos na técnica vocal.

Alguns *vocalises* já são consagrados e têm origem no *bel canto* italiano. Vamos conhecer alguns.

Figura 5.3 – Exercício articulatório para projeção: nível de ressonância e brilho

Mei Mai Mei Mai Mei Mai Mei Mai Mei

Já mencionamos isso anteriormente, mas vamos reforçar: na Figura 5.3, o M está presente para que o som do cantor se eleve em um nível mais alto de ressonância, ou seja, para a máscara, e o I ao final indica que todo o som deve ir para a forma da vogal pura, com mais brilho. Teremos como resultado um som frontal, alto e com brilho.

Figura 5.4 – Exercício articulatório para projeção

Zi - u Zi - u Zi - u Zi - u Zi - u Zi - u Zi - u Zi - u zi

O *vocalise* anterior explora o som do Z, que tem um fechamento glótico bastante importante, além do som ser articulado bem à frente do trato vocal. O ataque é na vogal I, mas o fato de o exercício não ser feito com ZI ZU ZI ZU ZI, e sim ZI U ZI U ZI, nos leva a crer que outro objetivo é trazer, além do brilho do I, o fundo e o escurecimento da voz que o U propicia. O giro vocálico entre as vogais colabora com o posicionamento da voz nas cavidades de ressonância.

Existem exercícios bem chatos de serem feitos, como o exposto a seguir, que explora a sutil diferença entre a articulação do R e do

L. Esse é o tipo de atividade que começamos a fazer achando graça e, na quinta repetição, o som já não é mais inteligível.

Figura 5.5 – Exercício articulatório para dicção e fortalecimento da língua

Li ri li ri li ri li ri li ri li ri li ri li ri li

Agora, vejamos um exercício completamente diferente dos tradicionais, criado por Marcos Leite (2001) em seu *Método de canto popular brasileiro para vozes médio-graves*.

Figura 5.6 – *Vocalise* criado por Marcos Leite

Fonte: Leite, 2001, p. 27.

Além de trabalhar terças maiores e menores, as células rítmicas partem de ritmos brasileiros. A escolha da vogal A confere uma sonoridade oral para o canto, também típica da música brasileira, e a explosão do P busca uma firmeza na execução, provavelmente por conta do ritmo proposto. Tente repetir o *vocalise* da Figura 5.6 usando M e notará que a explosão do som será completamente diferente do original.

Experimente também criar exercícios com trava-línguas. Aqui estão alguns exemplos:

- Olha o sapo dentro do saco. O saco com o sapo dentro. O sapo batendo papo e o papo soltando o vento.
- Num ninho de mafagafos há sete mafagafinhos. Quando a mafagafa gafa, gafam os sete mafagafinhos.
- O sabiá não sabia que o sábio sabia que o sabiá não sabia assobiar.
- Sabendo o que sei e sabendo o que sabes e o que não sabes e o que não sabemos, ambos saberemos se somos sábios, sabidos ou simplesmente saberemos se somos sabedores.
- Trazei três pratos de trigo para três tigres tristes comerem.
- O tempo perguntou ao tempo quanto tempo o tempo tem, o tempo respondeu ao tempo que o tempo tem o tempo que o tempo tem.
- Se percebeste, percebeste. Se não percebeste, faz que percebeste para que eu perceba que tu percebeste. Percebeste?
- O rato roeu a rica roupa do rei de Roma! A rainha raivosa rasgou o resto e depois resolveu remendar!
- Em rápido rapto, um rápido rato raptou três ratos sem deixar rastros.
- A aranha arranha a rã. A rã arranha a aranha. Nem a aranha arranha a rã. Nem a rã arranha a aranha.

Demonstramos, até agora, nos poucos exemplos analisados, que determinadas combinações entre consoantes e vogais irão resultar em sonoridades completamente diferentes. Cabe ao regente analisar qual é o som ideal para o seu coro e pesquisar e/ou criar *vocalises* que atendam a esse objetivo.

5.3.3 Exercícios de ressonância

O trato vocal conta com diversas cavidades orais e nasais, e é por meio delas que temos a ressonância vocal. Podemos pensar os níveis de ressonância como focos dentro do trato vocal, nos quais iremos concentrar a nossa voz.

Na Figura 5.7, há três níveis de ressonância, os quais podemos considerar os andares da nossa voz. É possível sentir o N mais alto que o M, por exemplo.

Figura 5.7 – Níveis de ressonância

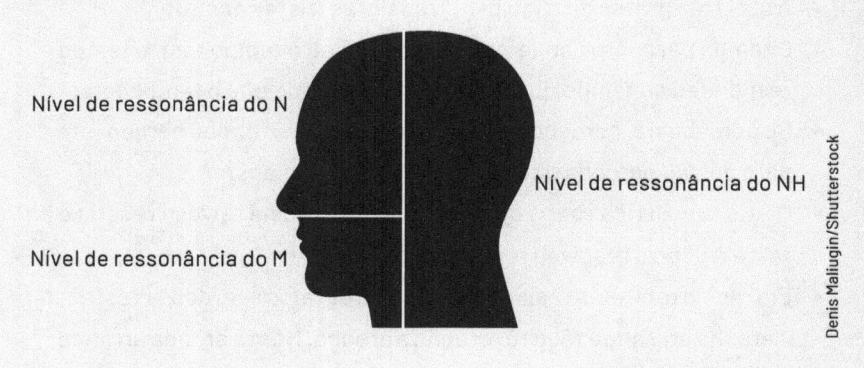

Nível de ressonância do N

Nível de ressonância do NH

Nível de ressonância do M

Denis Maliugin/Shutterstock

As consoantes M e N vão ser as responsáveis por fazer a *bocca chiusa*, termo italiano do *bel canto* para definir quando cantamos com a boca fechada. Os exercícios com *bocca chiusa* não costumam exigir agilidade, pois seu propósito é trazer a voz para a máscara. Eles ajudam o cantor a encontrar essa ressonância mais alta da voz, com maior projeção.

Figura 5.8 – Exercício de *bocca chiusa*

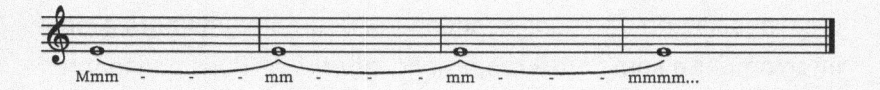

```
Mmm - - - mm - - - mm - - - mmmm...
```

Muitos cantores podem fazer a *bocca chiusa* com ressonância laríngea e, nesse caso, o exercício não terá efeito algum. Para ajudar o cantor a achar o lugar do M, podemos partir da voz falada. Experimente falar várias vezes as palavras: *mamãe, mamão, mamona, mão*. Repita isso, pelo menos, duas vezes seguidas. Provavelmente, você sentirá uma vibração nos lábios. Agora, experimente falar uma dessas palavras rápido duas vezes e demorando um pouco mais no M uma vez – por exemplo: "mão mão mmmmão". Tente notar se, quando você segura o M um pouco mais, o som não sai do lugar. Ele deve permanecer no mesmo lugar de vibração do que quando você fala *mão*.

Esse é um caminho para ajudar a chegar num som de *bocca chiusa*, quando ele será, de fato, levado até a máscara. O N pode ser feito da mesma forma que o exercício anterior, mas é importante que tanto o regente quanto o cantor percebam que o som reverbera de maneira diferente do M. O N tem um nível de ressonância mais alto que o M.

No caso do N, a vibração acontecerá na ponta da língua, ao encostar na parte de trás dos dentes incisivos. Para o exercício dar certo, é necessário que a ponta da língua vibre. Se estiver apertando o articulador, o som também soará mais baixo. A sensação é de que, quando cantamos com o N, o som parece soar do nariz para cima e, quando cantamos com o M, o som parece soar do nariz para baixo.

Outro exercício interessante a ser feito depois de o cantor dominar individualmente a articulação e a posição do som do M e do N é uma mescla entre as duas consoantes. Sustente uma nota e, sem interromper o som com a respiração, alterne as duas consoantes. Esse exercício ajuda a sentir a diferença de lugar de vibração entre o M e o N.

Figura 5.9 – Exercício de *bocca chiusa* com M e N

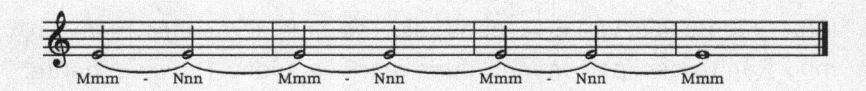

```
Mmm - Nnn  Mmm - Nnn  Mmm - Nnn  Mmm
```

Podemos utilizar segundas maiores para alternar as notas enquanto cantamos a *bocca chiusa* (com M ou com N), com o objetivo de manter a ressonância, apesar da troca de frequência da nota fundamental. Não é tão fácil quanto parece, mas não é impossível de ser aprendido.

Figura 5.10 – Exercício de *bocca chiusa* para manutenção de ressonância após variação de altura melódica

```
Mmm - - - - - - - - - - - - - M...
```

Esse controle é fundamental para o coralista, pois, como nossa articulação usa diversos articuladores e espaços de ressonância no trato vocal, para que o som fique equilibrado, um foco deverá ser mantido. Esse exercício ajuda na percepção da manutenção da projeção vocal ou do nível de ressonância em que se canta.

Por fim, as consoantes que ajudam a manter bons planos de ressonância vocal são: NH (mais posterior), N (mais alta), M (mais frontal) e L (mais alta).

O mais importante de se conquistar nos exercícios de ressonância é a consciência de que todo cantor tem diversas possibilidades de uso dos ressonadores do trato vocal e que cada um irá lhe conferir uma qualidade vocal. É preciso que o coralista desenvolva essa percepção em um primeiro momento, para, posteriormente, ter domínio sobre qual ressonância utilizar.

5.4 Alfabeto Fonético Internacional no canto coral

"Se as vogais podem ser consideradas a carne do corpo sonoro, as consoantes são os ossos que mantém a carne unida"(Adler, citado por Harpster, 1984, p. 60, tradução nossa).

O Alfabeto Fonético Internacional (*International Phonetic Alphabet* – IPA) é um poderoso aliado do regente coral, pois, por meio dele, podemos cantar músicas em diversos idiomas sem dependermos, obrigatoriamente, de um nativo que nos auxilie na pronúncia correta. O IPA é um sistema de notação fonética criado pela IPA para representar, de forma padronizada, os sons de um idioma.

Vamos a um exemplo: a palavra *eis* (*gelo*), em um dicionário de alemão, terá sua transcrição fonética antes mesmo de seu significado, para que consigamos entender sua pronúncia. Sua transcrição é: [ais].

Agora, vamos conferir um exemplo em português: a palavra *banho*, que tem a transcrição fonética ['baɲʊ]. Podemos ver que o símbolo [ɲ] representa o som de NH e o símbolo [ʊ], a vogal final, que não é uma vogal pura, pois não falamos *banhô* ou *banhu*. Fale em voz alta e perceberá que esse som realmente não é nem Ô, nem U (Cristófaro-Silva; Yehia, 2009).

A transcrição fonética assusta bastante em um primeiro momento, mas, com a prática, vai ficando cada vez mais fácil. Na verdade, nossos coros já fazem uma transcrição fonética própria. Quem nunca trabalhou uma obra em inglês com seu grupo e deu exemplos de como pronunciar uma frase da seguinte forma:

> **Frase em inglês**: Hold me/Like the River Jordan/ And I will then say to thee
>
> **Transcrição do coro**: Roud mi/laiq dâ rivār diórdān/enai uil den sei tchu di
>
> **Transcrição fonética oficial**: həʊld mi:/laɪk ðə 'rɪvə 'dʒɔ:dən/ænd aɪ wɪl ðɛn seɪ tu: ði:

Note que é possível, após saber como se pronuncia, entender o que está escrito na transcrição fonética. É tudo questão de treino. Com os conhecimentos básicos sobre os articuladores das consoantes e vogais, é possível usar a transcrição fonética.

Como exemplo, vamos observar o Quadro 5.1, retirado da tabela oficial do IPA.

Quadro 5.1 – Alfabeto Fonético Internacional

	Bilabial	Labiodental	Dental	Alveolar	Palato-Alveolar	Retroflexo	Palatal	Velar	Uvular	Faringal	Glotal
Plosiva	p b			t d		ʈ ɖ	c ɟ	k g	q ɢ		ʔ
Nasal	m	ɱ		n		ɳ	ɲ	ŋ	ɴ		
Vibrante	B			r					R		
Tap ou Flap		ⱱ		ɾ		ɽ					
Fricativa	ɸ β	f v	θ ð	s z	ʃ ʒ	ʂ ʐ	ç ʝ	x ɣ	χ ʁ	ħ ʕ	h ɦ
Fricativa lateral				ɬ ɮ							
Aproximante		ʋ		ɹ		ɻ	j	ɯ			
Aproximante lateral				l		ɭ	ʎ	L			

Fonte: IPA, 2020.

No Quadro 5.1, há nomes familiares, como *bilabial, dental, palatal, fricativa* e *nasal*. Sabemos que esses são os lugares e os modos de articulação das consoantes. Cada língua tem o próprio conjunto de fonemas; portanto, quando observamos essa tabela universal, notamos que existem sons que não existem no português, como o [θ].

No QR Code a seguir, apresentamos alguns recursos que podem auxiliar nesse estudo, começando pelo incrível quadro interativo do IPA – nele, você pode clicar em um símbolo e ouvir o som correspondente. Além disso, há outros conteúdos, como um editor *on-line* de transcrição fonética da língua inglesa e um teclado virtual com símbolos fonéticos.

Figura 5.11 – QR Code: Recursos relacionados ao IPA

5.5 Preparação com exercícios de flexibilidade, projeção e extensão vocal

Os exercícios de flexibilidade, projeção e extensão vocal devem ser feitos desde o começo do estudo de canto. Existem diversos graus de dificuldade na literatura vocal. Apresentaremos alguns exemplos para esclarecer melhor como e quando podemos utilizá-los.

5.5.1 Exercícios de flexibilidade

Quais são as principais características de um exercício vocal para a flexibilidade? Já entendemos que os órgãos participantes do processo fonatório, no canto, passam por mudanças extremas, muito diferente do que costuma acontecer na voz falada.

De acordo com Miller (1996, p. 61, tradução nossa):

> Um pequeno número de exercícios de diferenciação das vogais, executados individualmente ou em grupos, primeiro lentamente

e depois rapidamente, traz uma conscientização sobre como as vogais podem ser mudadas sem perda da consistência necessária para se produzir um timbre vocal rico em ressonância. Essa consistência do timbre pode ser mantida somente se o trato ressoador puder assumir formas que "rastreiem" a vogal gerada na laringe. É essa habilidade de mudar os contornos do trato ressoador que permitem que o timbre vocal permaneça constante quando as vogais são diferenciadas.

Por isso, é preciso treinar a flexibilidade da musculatura da laringe para que, ao cantarmos, essas estruturas consigam se adaptar rapidamente às mudanças de respiração, intensidade e frequência.

Um exemplo de exercício para desenvolver a mobilidade vocal é dado por Claire Dinville (1993), conforme demonstramos na Figura 5.12. Além da mudança de altura, o *vocalise* exige do cantor o controle da articulação, com alternância entre *legato* e *staccato*.

Figura 5.12 – Exercício de mobilidade vocal

Fonte: Dinville, 1993, p. 100.

Outro exercício proposto pela autora envolve graus conjuntos e saltos, como podemos ver na Figura 5.13. Nesse caso, o cantor precisa também ter flexibilidade para lidar com os diferentes registros vocais, pois, na descida para as notas graves, é preciso fazer ajustes para que a voz não quebre e mude a qualidade abruptamente.

Figura 5.13 – Exercício de mobilidade vocal

Fonte: Dinville, 1993, p. 98.

Esse exercício pode ser difícil de ser realizado por um grupo iniciante em um primeiro momento. Então, podemos adaptá-lo mantendo algumas de suas características. No exemplo a seguir, a nota inicial está localizada em uma região mais central da voz e trabalha a flexibilidade de uma oitava apenas, diferentemente do exercício anterior, que trabalha um intervalo de décima maior. A proposta, nesse caso, é partir de um andamento mais lento, como 40 bpm, e gradualmente ir aumentando à medida que o coro conseguir ir cantando as notas com precisão.

Figura 5.14 – Adaptação de exercício de mobilidade vocal

5.5.2 Exercícios de projeção

A projeção não deve ser confundida com o volume da voz. A maior parte do volume da voz é produzida no trato vocal, já que depende da pressão subglótica e da força de adução das pregas vocais.

Tratamos anteriormente dos formantes da voz falada e dos formantes do cantor. São os exercícios de projeção que trabalham o melhor aproveitamento dos espaços de ressonância do trato vocal e, consequentemente, a utilização da ajuda natural que os formantes propiciam ao reforçarem determinadas faixas de frequência da voz.

Demonstramos que espaços menores fazem com que ondas sonoras mais agudas fiquem em evidência, ao passo que espaços maiores levam as ondas mais graves a ficar em evidência. Para trabalharmos a projeção vocal, utilizamos os espaços criados pelas vogais e os lugares de articulação das consoantes.

Os exercícios de projeção vocal precisam trabalhar regiões de brilho. Empregam com frequência as vogais E e I, por conta da configuração que ambas trazem para o trato vocal. Um exercício bastante utilizado no *bel canto* é o demonstrado na figura a seguir.

Figura 5.15 – Exercício de projeção vocal com brilho

Brim Brei Brim Brei Brim Brei Brim Brei Brim

Esse exercício usa a explosão da consoante B com o vibrante R e duas vogais cuja língua fica mais alta e confere mais brilho à voz, além do M, que traz o som para a máscara. Só é preciso tomar cuidado, nesse caso, para o som ser produzido de forma mais leve, e não com muita pressão de ar.

5.5.3 Exercícios de extensão vocal

Acreditamos que a extensão vocal não é algo que possa ser adquirido de forma isolada. Conforme o cantor vai fortalecendo a musculatura do canto, melhorando o controle da respiração, a extensão vocal vai aumentando. Contudo, existem exercícios que proporcionam um maior controle da musculatura e que permitem alcançar mais notas graves e agudas.

Claro que existem limites fisiológicos que devem ser respeitados; por exemplo, não é possível que uma soprano faça exercícios para cantar uma nota grave na mesma região de um baixo profundo. Do mesmo modo, não é possível treinar um baixo profundo para cantar o papel da Rainha da Noite.

Na década de 1990, surgiu um videoclipe que mostrava Cássia Eller, com sua voz potente e grave, cantando ao lado do contratenor Edson Cordeiro, com sua voz aguda e marcante. A proposta era exatamente mostrar as possibilidades da voz humana – uma mulher cantava *I Can't Get no Satisfaction* com uma voz grave, e um homem cantava a ária da Rainha da Noite, conhecida por seus agudos.

Esse tipo de abordagem pode confundir algumas pessoas, principalmente iniciantes, que podem pensar que bastam alguns exercícios para que verdadeiros milagres aconteçam em suas vozes. Os exercícios condicionam e melhoram a atuação muscular, mas não a modificam por completo. Em outras palavras, nossa voz costuma melhorar com exercícios de extensão, porém estes não vão criar notas que não temos originalmente, de acordo com as características anatomofisiológicas. Não é possível fazer um violino ter notas tão graves quanto um violoncelo.

O músculo tireoaritenoideo (TA) é o maior responsável pelas notas graves e o músculo cricotireoideo (CT), pelas notas agudas.

Com base nisso, podemos analisar alguns exercícios de extensão propostos nos livros de técnica vocal.

> ### Experiência da autora
>
> Quando estudei canto lírico, havia dois exercícios realizados pelas professoras de canto quando o assunto era extensão vocal. O exercício indicado na Figura 5.16 era utilizado tanto para extensão vocal quanto para agilidade. Hoje, vejo que os dois primeiros tempos do *vocalise* buscam o encaixe da voz em um intervalo menor e, na sua retomada, o intervalo aumenta de uma quinta justa para uma nona maior, escapando da oitava, retornando, ao final, para a nota de partida.

Quando ampliamos o intervalo a ser cantado, precisamos mudar o uso dos registros vocais. Não é possível cantar com o mesmo registro do Dó 3 até o Ré 4 - quer dizer, é possível, mas vai sobrecarregar a musculatura. Em cantores não treinados, a chance de se gritar para alcançar a nota Ré 4 é grande, pois eles ainda não conseguem trocar a predominância muscular, não alcançando a nota; assim, teremos como resultado uma nota calante ou completamente desafinada.

Figura 5.16 - *Vocalise* de extensão vocal: nona maior

Sob a luz desse *vocalise*, podemos notar que exercícios voltados para a extensão vocal têm como principais características a articulação ligada, sem saltos diretos, com a extensão que extrapola um limite predeterminado, podendo ser maior, como no exemplo anterior (um intervalo total de nona maior), ou menor, como no exemplo a seguir, com intervalo total de sexta maior.

Figura 5.17 – *Vocalise* de extensão vocal: sexta maior

Manter uma linha melódica conectada, que vai do grave até o agudo, faz com que o cantor treine o equilíbrio da musculatura entre as notas. Ele precisa aprender a encurtar e alongar a prega vocal para usufruir da melhor *performance* possível, tudo isso sem deixar essas trocas musculares aparentes. Com saltos, isso se torna muito mais difícil de ser executado, ainda que necessário. Por isso, a proposta desse tipo de exercício é trabalhar determinado intervalo (quarta justa, sexta maior, nona maior, décima maior etc.) em graus conjuntos. Com o avanço do treino, o cantor vai ganhando controle muscular suficiente para ajustar os grupos musculares quando houver saltos.

Obviamente que isso também pode ser treinado – aliás, deve ser treinado. É possível realizar pequenas adaptações no *vocalise* de sexta maior apresentado anteriormente ou, até mesmo, retirar um trecho da música a ser trabalhada com o coral que apresente saltos, transformando-o em um exercício personalizado.

Figura 5.18 - *Vocalise* de extensão vocal: adaptação de sexta maior com saltos

Reforçamos que todos os *vocalises* deste livro são exemplos analisados. No entanto, gostaríamos de encorajá-lo, leitor, a criar seus próprios *vocalises* ou adaptar aqueles que estão sendo discutidos, mudando seu modo, sua tonalidade, sua articulação, sua dinâmica, seus fonemas, entre outros aspectos, tornando-os mais adequados à realidade do seu grupo e ao seu repertório.

5.5.4 Desaquecimento vocal

> **Experiência da autora**
>
> Eram as Olimpíadas de 2016 no Brasil. Eu estava acompanhando pela TV a prova de natação, pois tinham vários brasileiros concorrendo a medalhas. Um deles era o nadador Thiago Pereira. Lembro de uma entrevista dada por ele, na qual explicava que, entre uma prova e outra, precisava usar um método de desaquecimento muscular com água gelada. Chamou-me a atenção a necessidade de desaquecer entre uma prova e outra, para aquecer novamente e, só então, participar da competição.

Quando o uso muscular é intenso, precisamos aquecer, ou seja, preparar a musculatura para a atividade que faremos. No entanto, desaquecer é tão importante quanto aquecer. Precisamos retornar os ajustes musculares feitos para que nosso corpo não se sobrecarregue.

Na voz, o desaquecimento segue a mesma lógica: quando cantamos, precisamos fazer ajustes na laringe, na faringe, na musculatura, nos ressonadores e nos articuladores de forma diferente da voz falada; então, desaquecer a voz significa reajustar a voz da cantada para a falada.

O repouso vocal, em torno de 30 minutos, seria o mais indicado (Cascardo, 2018). Em síntese, após uso intenso da voz, o correto é permanecer completamente calado por 30 minutos. O problema é conseguir fazer isso, principalmente em um coral. Ensaiamos até o último segundo possível e depois dispensamos os cantores. Ainda assim, podemos melhorar essa prática, não só pela saúde vocal dos nossos alunos, mas também pela nossa.

Entre as possibilidades de exercícios para desaquecimento vocal em grupo, temos:

- Reservar os cinco minutos finais de cada ensaio para realizar o desaquecimento em grupo e enfatizar a importância de que todos participem.
- Realizar os mesmos movimentos de relaxamento muscular feitos no aquecimento, com os ombros e o pescoço. É preciso relaxar o corpo antes e depois de cantar.

Algumas pessoas podem dizer que o corpo sempre precisa estar relaxado durante o canto, mas, na verdade, o corpo está atento, agindo de forma ativa durante a respiração e a emissão.

A voz precisa estar livre de tensões, porém, se estiver totalmente relaxada, não conseguirá atingir sua melhor *performance*.

Outro exercício de desaquecimento pode ser:

- Fazer *vocalises* descendentes (preferencialmente com *glissando*, pois ajuda na passagem muscular) com consoantes vibrantes, como TR e/ou BR, saindo de uma região média da voz para uma região mais grave, próxima à região de fala.

Figura 5.19 – Exercício de desaquecimento vocal

Além das sugestões apresentadas, também temos as seguintes alternativas para desaquecimento vocal:

- Realizar exercícios descendentes ou, até mesmo, trechos musicais curtos nos quais seja possível diminuir a intensidade vocal. Essa alteração deve ser feita de maneira progressiva.
- Incentivar uma sessão coletiva de bocejos. Um "bocejaço" de final de ensaio.
- Lembrar os cantores que repouso vocal é extremamente necessário após um uso mais intenso da voz. Reforçar a necessidade de permanecerem em silêncio após o ensaio. A voz precisa voltar para a configuração da voz falada.

5.6 Saúde e higiene vocal: os mitos com os cuidados vocais

A gente ouve tanta história quando o assunto é voz (falada ou cantada). Por exemplo, chupar bala de gengibre, tomar conhaque antes de cantar... Como se isso melhorasse a voz, não é mesmo?

Vamos aos fatos: saúde vocal é ciência. Abordaremos alguns mitos que envolvem o cuidado com a voz, ainda mais porque os regentes são profissionais da área que utilizam tanto a voz falada, quando estão explicando algo para o coro, quanto a cantada, quando precisam dar algum exemplo ou cantar alguma nota.

Nem precisamos comentar que o regente também precisa estar munido de conhecimentos embasados sobre o assunto, porque os coralistas eventualmente irão aparecer com receitas milagrosas de como recuperar a voz – sempre com boa intenção, claro!

A seguir, apresentaremos alguns fatores que podem alterar nossa saúde e higiene vocal.

5.6.1 Ingestão de alimentos e refluxo

Alguns alimentos podem ser prejudiciais ao canto, pois promovem alterações importantes no trato vocal, como chocolate, laticínios e bebidas gasosas. Chocolate e laticínios aumentam consideravelmente a produção de secreção nas mucosas. Isso não significa que todos os cantores do mundo precisam parar de comer chocolate e cortar os laticínios de suas dietas. Exceto no caso de alguma alergia alimentar com reações gravíssimas, todos nós podemos continuar a comer esses alimentos. Apenas antes da prática do canto é que devemos evitá-los, para que não haja aumento de secreção, a qual pode provocar, por exemplo, uma crise de pigarros no meio de um concerto.

Quanto ao refluxo, o problema é bem mais grave. O retorno do suco gástrico pode provocar uma laringite crônica. O suco queima o trato vocal, causando alterações na laringe e na faringe. O refluxo causa dor, rouquidão, inchaço e ainda pode ocasionar lesões nas pregas vocais e na faringe, provocando alterações importantes na voz. Por isso, é preciso reconhecer os sintomas para fazer um acompanhamento com um gastroenterologista e um otorrinolaringologista.

Algumas vezes, o refluxo pode ser controlado com mudança na alimentação e/ou medicação adequada, mas há casos em que somente uma cirurgia é capaz de controlar a situação. Nas últimas décadas, estudos têm apontado que os casos de refluxo aumentaram na população (ABORL-CCF, 2003).

5.6.2 Repouso

Tudo o que fazemos custa energia. Andar, comer, dormir, falar e cantar. Usamos os músculos o tempo inteiro, até mesmo quando pensamos estar em repouso, como quando trabalhamos sentados o dia inteiro em frente a um computador. Assim como todos precisam de uma boa noite de sono para repor as energias, os profissionais da voz também precisam de repouso vocal para evitar lesões.

O repouso vocal absoluto também deve acontecer em casos de quadros gripais, crises de rinite, laringites, faringites, amigdalites, entre outras infecções. Isso se deve ao fato de que essas infecções causam alterações na mucosa da prega vocal, como edemas. Um edema é um inchaço localizado, e cantar em cima disso pode causar lesões como micronódulos. O problema é que pessoas com vozes treinadas, com técnica, têm um melhor controle da voz – mesmo com edemas ou outras condições adversas, elas conseguem amenizar os sintomas. E é exatamente aí que está o problema: quando esses ajustes são feitos em cima de um trato vocal comprometido por uma infecção, os danos podem ser sérios.

Nesse sentido, é importante ressaltarmos que, para nós e para nossos cantores, o repouso do corpo e da voz é necessário para a saúde vocal.

5.6.3 Bebidas alcóolicas e fumo

Esta é uma discussão bastante frequente: "A vida inteira tomei conhaque antes de cantar e nunca tive problemas na voz. É um jeito de aquecer a voz, sim!". A despeito do que dizem os entusiastas desse tipo de aquecimento vocal, a resposta é não. Simplesmente não!

Bebidas alcóolicas dão a impressão de aquecimento na garganta, mas isso nada tem a ver com o aquecimento muscular que deve ser feito antes do canto, nem com o alongamento da musculatura. Behlau, Pontes e Moreti (2001, p. 22) afirmam:

> O consumo de bebidas alcoólicas, especialmente as destiladas, causa irritação do aparelho fonador semelhante à produzida pelo cigarro, porém com uma ação principal de imunodepressão, ou seja, redução nas respostas de defesa do organismo. Aparentemente, uma ou duas doses de bebida alcoólica provocam, em alguns indivíduos, a sensação de uma certa melhora na voz. Isto ocorre devido a dois fatores principais: há uma inicial liberação de controle cortical do cérebro nas primeiras doses, o que faz o indivíduo se sentir mais solto; ocorre uma leve anestesia na faringe e, com a redução

de sensibilidade nessa região, uma série de abusos vocais podem ser cometidos, sem que se perceba.

O álcool, quando usado para "aquecer" a voz, na verdade apenas anestesia a região. Imagine que você está com a perna quebrada e decide tomar uma anestesia; sem sentir dor alguma, sai pulando por aí. Pense no estrago feito e que será sentido quando a anestesia passar. Quando usamos o exemplo de uma perna quebrada, essa situação parece ser compreendida, embora não produza o mesmo efeito quando tentamos explicar sobre o cuidado que é preciso ter com as pregas vocais.

5.6.4 Drogas e medicamentos

Qualquer droga trará alteração para o nosso corpo e também para a nossa cognição, além de vários efeitos nocivos para o corpo de maneira geral, como alterações cardiovasculares (Behlau; Pontes; Moreti, 2001). Drogas como a maconha, por exemplo, são extremamente perigosas, pois, além do prejuízo para o trato vocal por conta da fumaça, fazem com que sejam inaladas toxinas por conta da queima do papel em que a erva é enrolada.

É comum notarmos vozes mais graves em usuários de qualquer tipo de cigarro. No caso da maconha, a pessoa também apresenta imprecisão na articulação da fala e na fluência de sua comunicação. Nos usuários de cocaína, os tecidos do nariz podem ser gravemente comprometidos.

5.6.5 Hábitos vocais inadequados

Nesta seção, abordaremos situações que, muitas vezes, o profissional da voz nem se dá conta. Exemplo? Você aquece e desaquece sua voz antes dos ensaios e das aulas, mas, na sexta-feira, decide ir a um barzinho com os amigos. Música ao vivo, todos conversando ao mesmo tempo.

Ao passar duas ou três horas conversando com essa competição sonora ao fundo, você corre um grande risco de causar danos à voz, pois, sem perceber, para ser ouvido em meio ao ruído todo, você irá forçar seu trato vocal a se comportar de uma forma que não está habituado.

Nós, regentes corais, costumamos fazer aulas de canto e cuidamos muito dos aspectos da voz cantada; porém, infelizmente, geralmente negligenciamos a voz falada, que precisa de tanta ou mais atenção – se pensarmos bem, passamos a maior parte do tempo falando: no supermercado, nos ensaios e nas aulas, ao telefone, com a família e os amigos, com colegas do trabalho etc.

Uma voz falada equivocadamente afetará uma boa voz cantada. Por isso, é necessário um treinamento específico para esse uso. Nesse caso, como cada profissional usa sua voz de maneira particular, além das diferenças físicas de cada pessoa, a principal sugestão para todo profissional da voz é: faça um acompanhamento com um(a) fonoaudiólogo(a).

Outro hábito que pode ser tão prejudicial quanto competir vocalmente com ruídos mais fortes é falar com sussurros. Pode parecer controverso, mas fazemos um esforço maior quando cochichamos ou sussurramos, porque o som acontece pela fricção do ar e por um bloqueio da vibração das pregas vocais.

De acordo com Behlau, Pontes e Moreti (2001, p. 24):

Destacamos que a resistência vocal é uma característica individual, dependente do metabolismo. Assim, uma alteração de voz em consequência das situações de competição sonora é uma resposta individual, sendo que algumas pessoas apresentam modificações vocais após falarem meia hora em uma festa barulhenta.

Isso acaba colaborando com a propagação de mitos sobre a voz, já que algumas pessoas, por apresentarem uma resistência vocal maior, podem ter a sensação de que os abusos que praticam não agridem a voz. No entanto, a longo prazo, tais excessos são extremamente prejudiciais e podem causar danos graves.

É de se pensar, com os nossos coralistas, sobre os ruídos provocados por conversas paralelas durante os ensaios. É uma cena muito comum: enquanto o regente treina uma linha com um naipe, os outros três estão conversando. Será que essa prática é saudável para o coral? O regente precisa explicar os danos para o coro e, junto com o grupo, traçar estratégias para que danos vocais sejam evitados.

Por último e não menos importante, há a economia da voz falada. Em seu *Manual de higiene vocal para profissionais da voz*, Pinho (1999) trata de uma técnica chamada de *flow phonation*, que se refere a quando utilizamos recursos dos nossos ressonadores para que a voz seja economizada. A autora afirma que o ouvido humano é sensível às frequências mais agudas e, sabendo utilizar os formantes da maneira correta, podemos ser ouvidos com mais eficiência.

Para acessar a entrevista completa com Pinho e mais assuntos sobre o tema da higiene vocal, acesse o QR Code a seguir.

Figura 5.20 – QR Code: Higiene vocal

5.6.6 Ar-condicionado

O problema com o ar-condicionado é o ressecamento do trato vocal. Com a falta de umidade, acabamos por nos esforçar mais para usar a voz. Claro que, dependendo da região do Brasil e da estação do ano, o uso do ar-condicionado acaba sendo inevitável. Com o intuito de regular nosso corpo nessa situação, precisamos ingerir muito mais água. A hidratação é fundamental.

Vale lembrar que esse ressecamento não ocorre somente com o ar frio, mas também com o ar quente. Nas duas situações, é importante aumentar a ingestão de água. A hidratação direta (inalação) também é bastante eficaz se feita com frequência.

5.6.7 Alergias e poluição

Alergias são um grande problema para profissionais da voz. As alterações fisiológicas decorrentes das reações alérgicas podem afetar bastante a qualidade vocal e, até mesmo, impedir o uso da voz. Elas podem ser causadas por praticamente qualquer coisa, e a reação dependerá muito de cada organismo. Algumas alergias atacam diretamente o trato vocal, como a rinite, uma inflamação da mucosa do nariz que, se não tratada, pode desencadear uma sinusite. A sinusite é uma inflamação dos seios da face. Toda essa estrutura é utilizada no canto.

O conhecimento das reações alérgicas serve ao regente para que ele possa orientar corretamente seus cantores, pois é comum recebermos coralistas com crises alérgicas durante audições ou ensaios, que, mesmo estando com a voz comprometida, insistem em cantar.

Não é função do regente coral diagnosticar, tampouco receitar medicamentos. Isso foge da nossa responsabilidade, mas é bom conhecer os fatores que podem alterar a voz.

Outro fator importante quando o assunto é alergia é que, geralmente, os locais das apresentações não costumam ter as melhores condições: teatros sucateados, sem manutenção, com presença de cupim e mofo e pouca ventilação. Behlau, Pontes e Moreti (2001, p. 29) fazem exatamente a mesma observação: "São comuns os bastidores com móveis antigos, poeira e mofo. Evidentemente, essas não são as condições ideais para a apresentação de um ator ou cantor alérgico, que podem ter seu quadro básico agravado em tais ambientes, desenvolvendo uma crise aguda".

Também é preciso redobrar os cuidados com relação ao uso concomitante de medicamentos (corticoides, anti-inflamatórios e histamínicos) com a prática vocal. Alguns medicamentos podem ressecar o trato vocal. Além disso, é perigoso usar medicamentos a fim de mascarar as alergias para poder cantar, visto que podem causar um dano maior à voz.

▷▷ Resumo da ópera

Neste quinto capítulo, explicamos a relação entre corpo e voz e as diversas possibilidades de exercícios corporais que podem ser realizadas com os coros. Abordamos brevemente a utilização do Alfabeto Fonético Internacional, assim como recursos digitais para ampliar o aprendizado.

Também indicamos os princípios do aquecimento vocal e demonstramos como analisar e criar exercícios de técnica vocal para projeção, flexibilidade, ressonância e articulação. Uma dica é procurar aplicativos de treinamento vocal para o celular – muitos deles estão em inglês, já que, por enquanto, temos poucas opções em português –, pois existem vários que ajudam no treinamento de agilidade, respiração, extensão vocal etc.

Terminamos o capítulo tratando da saúde da voz cantada, um dos assuntos mais importantes para quem é profissional da voz.

Teste de som

1. Analise a citação a seguir.

   Ponho-me a sonhar com uma educação musical na qual o próprio corpo desempenharia o papel de intermediário entre os sons e o pensamento e tornar-se-ia o instrumento direto de nossos sentimentos – em que as sensações do ouvido se tornariam mais fortes, graças àquelas provocadas pelas múltiplas matérias suscetíveis de vibrar e ressoar em nós: a respiração dividindo os ritmos das frases e as dinâmicas musculares traduzindo as dinâmicas que ditam as emoções musicais. (Jacques-Dalcroze, 2010, p. 222-223)

A respeito dessa citação, é correto afirmar:

a) Nossos corpos têm identidade única e, ao trabalharmos em grupo, cada sujeito deve manter sua individualidade, sem conectar sua corporalidade com o restante dos colegas.
b) Coros não devem fazer muitos movimentos para que o som não seja afetado, por exemplo, pela falta de ar.
c) Alguns problemas técnicos podem ser resolvidos quando colocamos o corpo na execução musical.
d) É preciso cuidado ao preparar exercícios corporais para que o coro não fique muito cansado.
e) O corpo não se relaciona com o espaço; apenas devemos procurar manter uma boa postura.

2. O aquecimento vocal tem total relação com o aquecimento corporal de um atleta, pois precisamos aquecer qualquer musculatura antes de usá-la intensamente. Sobre esse fato, é **incorreto** afirmar:

a) Se estivermos com a musculatura tensa, principalmente a região de ombros e pescoço, a qualidade da nossa voz poderá ser afetada.
b) Exercícios como bocejar e rotacionar a cabeça e os ombros ajudam no relaxamento corporal.
c) Alguns problemas técnicos podem ser resolvidos quando colocamos o corpo na execução musical.
d) Exercícios de respiração fazem parte do aquecimento, pois precisamos "mudar a chave" da respiração do dia a dia para a respiração do canto.
e) A abertura de costela só é possível de ser feita com aulas particulares de canto, já que a técnica vocal individual exige muito mais do cantor.

3. Qual a transcrição fonética correta da palavra *Hallelujah* (Aleluia)?
   a) ˌhæləˈluːjə.
   b) ˌhæləˈluːja.
   c) ˌræləˈluːjə.
   d) ˌhæləˈluːyə.
   e) ˌhaləˈluːjə.

4. Sobre o desaquecimento vocal, é correto afirmar:
   a) Não é obrigatório fazê-lo, pois a voz desaquece naturalmente.
   b) Só deve ser feito quando há uso muito intenso apenas da voz cantada.
   c) Deve ser feito sempre após o uso intenso da voz.
   d) Utiliza-se dos mesmos exercícios de aquecimento, porém mais lentos.
   e) Bocejos devem ser usados somente para aquecer a voz, jamais no desaquecimento.

5. No que se refere à saúde vocal, há vários mitos sobre os cuidados que se deve ter com a voz. Analise as afirmativas a seguir e indique se são verdadeiras (V) ou falsas (F).
   ( ) O refluxo causa dor, rouquidão, inchaço e pode causar lesões nas pregas vocais e na faringe.
   ( ) Beber conhaque aquece a voz, mas faz mal à saúde vocal.
   ( ) O ar-condicionado resseca o trato vocal.
   ( ) Não é função do regente coral diagnosticar alergias nem receitar medicamentos.
   ( ) Conversar agride menos a voz do que cantar.

Agora, assinale a alternativa que apresenta a sequência correta:

a) V, F, V, F, V.
b) V, V, V, V, V.
c) F, F, V, F, F.
d) V, F, V, V, F.
e) F, F, V, V, F.

Treinando o repertório

Questões para reflexão

1. No seu cotidiano, como tem cuidado da sua voz falada e da sua voz cantada? É comum os profissionais do canto darem uma aula após a outra, sem pensar na quantidade de tempo que estão cantando sem descanso. Como você pode ajustar seus horários e suas práticas para que consiga descansar e aquecer corretamente sua voz entre os intervalos das aulas e dos ensaios?

2. Quais são as práticas corporais possíveis de serem feitas com seu coro atual ou, hipoteticamente, com seu futuro coro? Liste os objetivos de cada preparação e tente relacioná-los com as músicas do repertório.

Atividade aplicada: prática

1. Escolha uma música curta em inglês – preferencialmente uma que esteja ensaiando ou pretenda ensaiar com seu coro. Usando o Alfabeto Fonético Internacional, tente fazer a transcrição fonética. Depois, com o auxílio de um dicionário ou das plataformas mencionadas no capítulo, faça a correção e confira quais trechos você acertou.

Capítulo 6

APRENDIZAGEM DE REPERTÓRIO CORAL

Eis um assunto muito relevante para o dia a dia do regente coral: a aprendizagem. Quando lemos esse termo, podemos pensar que esse processo pertence apenas aos nossos coralistas, mas a realidade é que nós, regentes, também aprendemos muito nesse processo.

Neste capítulo, trataremos de treinamentos. Ensaios são treinamentos e, podemos afirmar, a *performance* do regente não acontece na hora da apresentação: ela se dá durante o ensaio. Isso fica mais evidente quando os coros são grupos amadores.

Você pode desenvolver a técnica gestual de regência com o melhor regente do mundo; pode aprender a dar todas as entradas, ter independência das mãos; pode saber dar todos os cortes e fazer todas as retomadas, porém, se não tiver didática de ensino com seu coro amador, seu braço não será suficiente para fazê-lo cantar bem.

O regente precisa desenvolver didática e criar técnicas e estratégias de ensaio para que os coralistas se desenvolvam ao máximo durante o período em que estiverem ensaiando sob sua batuta.

Todo coral é espelho do seu regente: de sua organização, sua ambição, seu foco, seu planejamento, sua didática, seu carisma, seu comprometimento, seu caráter e seu conhecimento musical e técnico.

6.1 Tipos de ensaio

No canto coral, existem diferentes tipos de ensaio, ou seja, ensaios com propósitos bastante específicos. A seguir, apresentaremos uma classificação que ajuda a elaborar um planejamento mais consciente do trabalho coral no curto, médio e longo prazo. Entendemos cada tipo de ensaio como um investimento de tempo: Onde podemos investir mais tempo para o grupo hoje? Afinal, desenvolvemos a *performance* do coro durante os ensaios.

Ensaio-leitura

O foco é a leitura/solfejo de músicas novas. Costumamos ensaiar com esse enfoque principalmente no início de temporadas. Investimos mais tempo de ensaio na primeira leitura das músicas novas. Empregamos didáticas de ensino para facilitar o aprendizado nessa fase, já que muitos cantores não têm noções de solfejo musical.

Ensaio-fundamento

O foco é o treino de habilidades essenciais que os coralistas precisam adquirir (leitura rítmica, técnica vocal, dinâmicas, leitura de notas etc.). Assim como atletas da seleção de vôlei treinam saque por uma hora para depois jogarem partidas, cantores precisam treinar fundamentos sem necessariamente envolver o repertório. Nesse tipo de ensaio, os fundamentos trabalhados são isolados do repertório para que o corpo consiga automatizar comportamentos musculares, reconhecer símbolos, responder prontamente ao gestual do regente, entre outros.

> **Experiência da autora**
>
> Já planejei ensaios nos quais 90% do tempo foi dedicado ao aprendizado de solfejo, deixando pouco tempo para técnica vocal e leitura de repertório. Porém, esse investimento de tempo deu um retorno importante quando o grupo leu músicas novas.

Ensaio-fixação

O foco é a memorização da letra, da melodia e/ou do ritmo, das dinâmicas, da expressividade etc. Um ensaio de fixação precisa ser repetitivo e, ao mesmo tempo, criativo, sempre buscando consciência do coro em cada reprodução.

A automatização, a resposta aos estímulos do regente e a constância de *performance* são adquiridas por meio de repetição consciente nesse tipo de ensaio. É aqui que o coro desenvolve segurança para a *performance*.

Experiência da autora

Como podemos tornar as repetições mais interessantes e conscientes? Deixando os objetivos claros para os coralistas. Eu mesma já solicitei repetições ao coral e só comentei que ainda não estava bom, com poucos detalhes do que precisava ser aprimorado.

Exemplo de repetição consciente com objetivos definidos

Vamos repetir quatro vezes do compasso 8 ao 16!

Na primeira repetição, gostaria que todos prestassem atenção na melodia dos tenores e diminuíssem o volume enquanto cantam o acompanhamento. O objetivo dessa repetição é fixar o plano sonoro.

Na segunda repetição, vamos manter esse plano sonoro conquistado, mas vamos melhorar a dicção das consoantes no trecho inteiro.

> A terceira repetição será um desafio: cantem prestando atenção se estão com as costelas abertas e administrando bem o fluxo de ar.
>
> Na última repetição, vou propor alterações na dinâmica; na hora, vocês precisam manter tudo o que foi conquistado até agora, mas também prestar atenção na regência.

Resguardadas as devidas proporções do que cada grupo pode ou não fazer e do grau de dificuldade, e isso sempre vai depender do olhar do regente e da dinâmica do próprio grupo, esse exemplo mostra um processo de conscientização da repetição e das conquistas feitas em cada rodada.

Trechos curtos podem ser selecionados, as repetições podem ser explicadas para o grupo de forma clara, de modo que este passe a fazer parte do processo de conferência da própria qualidade sonora porque está consciente do que está fazendo. Ao final das repetições, o retorno que o regente oferece ou o espaço para que essa troca aconteça é de extrema importância: Conseguimos realizar o que foi proposto? Precisamos repetir novamente?

Nesse tipo de ensaio é que são fixados, por meio da repetição, fundamentos de técnica vocal, conceitos musicais, expressividade, entre outros aspectos que são trabalhados no ensaio-fundamento, de forma isolada, muitas vezes sem conexão com o repertório.

Erre logo. Isso mesmo! Erre! Erre de uma vez. Não podemos travar nosso aprendizado a fim de evitar erros durante os ensaios. Errar faz parte do processo de aprendizagem e, com os grupos leigos, o erro pode ser, muitas vezes, muito mais benéfico do que um acerto aleatório. Saber que está cantando errado é mais importante do que não saber por que está cantando certo.

Ensaio-apresentação

O foco é simular uma apresentação. A música é cantada do início ao fim, sem parar por conta de eventuais erros. Pode parecer bobagem, mas os ensaios corais costumam ser "picotados", ou seja, cantamos trechos, paramos, corrigimos, então repetimos esse processo.

Em algum momento, é preciso ensaiar as músicas inteiras, do começo ao fim, sem parar para correções, mesmo que erros aconteçam no percurso. Somente quando cantamos toda a peça é que percebemos quais são as conexões que ainda faltam ser feitas para ligar os trechos ensaiados. Ou seja: jogo é jogo, treino é treino. É preciso treinar a *performance* real no ensaio para que o grupo possa fixar o todo.

Ensaio-treino de palco

O foco é ensaiar entradas, saídas e posicionamento de palco, cantando as músicas e percebendo como realizar os ajustes para que a equalização do grupo aconteça da melhor forma possível. Costuma-se fazer esse ensaio mais próximo da data das apresentações, a fim de simular o espaço no qual o coro irá se apresentar.

É importante também considerar as variáveis: Como se posicionar se o seu companheiro que canta ao seu lado faltar no dia? Como preencher os espaços? Usar exercícios corporais desde o início (sem ligação direta com posicionamento de palco) que estimulem os coralistas a se perceberem no espaço é uma excelente forma de preparar o coro para os treinos que exigem posicionamento, entradas e saídas.

Além do mais, é importante prestar atenção na forma como os coros entram, se posicionam e saem do palco. Mostra certo refinamento do trabalho do grupo.

Em alto e bom som

Você deve estar se perguntando qual a diferença entre o ensaio-treino de palco e o ensaio-apresentação, pois parecem iguais. Há uma diferença brutal entre ambas as abordagens com os coralistas.

O **ensaio-apresentação** tem o foco na execução musical, do começo ao fim, mas não implica, necessariamente, que os cantores estejam todos na formação correta do dia da apresentação. O posicionamento do grupo pode também ser treinado, mas não com tanto detalhamento quanto no ensaio-treino de palco.

No **ensaio-treino de palco**, o foco é operacional. O grupo treina entradas, posicionamento e saída. Aprende a reagir às possíveis alterações no posicionamento do coro.

Experiência da autora

As pessoas se acostumam a cantar ao lado dos mesmos colegas, e isso influencia diretamente a timbragem (equalização) do som do grupo. Já tive experiências peculiares nesse sentido: no ensaio, o grupo estava cantando maravilhosamente bem, mas, na hora da formação para a apresentação, o palco era pequeno demais, e o grupo precisou fazer um posicionamento totalmente diferente

> do ensaio. Resultado: não se ouviram como antes, perderam suas referências, cantaram ao lado de vozes que não estavam acostumados, ficaram inseguros. A qualidade do som foi completamente diferente.

Uma coisa é o grupo entender como a música acontece do começo ao fim (ensaio-apresentação); outra é como o grupo reage às possíveis mudanças de posicionamento e acústica do espaço, como cada um equaliza sua voz com cantores diferentes ao lado, como entra e sai do palco com confiança e como se apropria do espaço em prol da *performance* coral. Tudo isso precisa fazer parte do ensaio coral.

Ensaio-recuperação

Esse tipo de ensaio não acontece com todos os grupos, mas pode ser realizado quando a agenda de apresentações está lotada. Um grupo amador pode fazer uma grande apresentação em um final de semana e precisar ensaiar na segunda-feira, pois tem outro compromisso à vista, não sendo possível, muitas vezes, ter uma folga.

Nesses casos, é preciso criar estratégias de ensaio-recuperação: apesar do cansaço, é necessário recuperar o ânimo, a atenção e a energia do grupo para o projeto seguinte. Uma sugestão é conversar sobre a apresentação que acabou de acontecer, levantar pontos positivos e negativos, propor dinâmicas um pouco mais leves, tanto dos exercícios vocais quanto da leitura do novo repertório. É um ensaio com um ritmo diferenciado dos demais.

Selecionar os tipos de ensaio pode ajudar a equilibrar o trabalho coral e a entender como o regente e o grupo estão investindo seu tempo: mais na técnica vocal ou na leitura. Isso não significa que, em um ensaio de leitura, não haverá o trabalho de técnica vocal, e sim que o objetivo maior, o fio condutor, será a leitura musical, que será trabalhada em todas as músicas e os exercícios.

6.2 Estratégias e técnicas de ensaio para coros amadores

Trataremos agora de estratégias e técnicas de ensaio para coros amadores. Inicialmente, pode parecer estranho, mas é preciso desenvolver técnica para ensaiar qualquer tipo de coro, por conta do seu nível de experiência, pela sua demanda/agenda ou pelo tipo de repertório.

Assim como uma empresa desenvolve estratégias de venda, de aumento de produtividade, de escalonamento etc., um regente coral pode criar estratégias de ensaio para que a atividade ocorra da forma mais eficiente possível.

Caso você já seja um regente coral, responda à seguinte questão: Seu coral é totalmente homogêneo, com pessoas que têm o mesmo nível de afinação, técnica vocal, compreensão musical e execução? Dificilmente sua resposta será afirmativa, pois nem em grupos profissionais conseguimos naturalmente essa homogeneidade.

Agora, mais uma pergunta: Quando você prepara seu ensaio, pensa nessa heterogeneidade? Considera que, no seu coro, existem cantores com muita facilidade, cantores na média e cantores com muita dificuldade?

O que acontece, na maior parte dos grupos, é que preparamos os nossos ensaios, com a nossa melhor didática, para o centro do nosso coro, ou seja, para os cantores de nível médio. Acabamos negligenciando tantos os cantores avançados, que passam a "carregar nas costas" a responsabilidade de "puxar ou segurar" a *performance* do coro, além de não se sentirem desafiados, quanto os cantores com mais dificuldade. Assim, os cantores avançados "seguram a barra", os medianos preenchem o som e os iniciantes vão "pegando". Essa frase resume bastante o que acontece nos ensaios corais de forma geral.

> **Experiência da autora**
>
> Sinceramente, posso afirmar que eu mesma não tinha percebido isso até estudar gerenciamento de equipes. Em uma empresa, os funcionários com competência acima da média costumam ser sobrecarregados pela chefia, pois o chefe sabe que eles dão conta, ao passo que os outros, com baixa produtividade, acabam fazendo menos do que poderiam.

Pensando nos exemplos citados, a técnica de ensaio coral precisa abarcar todas as metodologias envolvidas no processo de ensino-aprendizagem, desde a escolha do repertório, passando por exercícios de técnica vocal, até o tempo de execução durante o ensaio, sem esquecer de considerar a heterogeneidade dos cantores. Da mesma forma, envolve a análise da dificuldade técnica dos exercícios propostos para que cada cantor consiga se desenvolver mesmo trabalhando em equipe.

Quando trabalhamos com um coro amador, semiprofissional ou profissional, é necessário ter um planejamento de curto, médio e longo prazo. Isso pode ser entendido como um planejamento de ensaio, do semestre e da temporada, por exemplo. Nessa perspectiva, podemos traçar os objetivos do grupo, desde os que envolvem habilidades técnicas, passando pelo tipo de repertório, até os objetivos de *performance*, ou seja: quantidade de público, quantidade de apresentações, entre outros.

Essa abordagem quantitativa parece ser mais fácil de ser realizada em outras áreas, como a de vendas. No canto coral, costumamos pensar de forma qualitativa, e isso não é um equívoco, visto que ela pode ser um fator diferencial no sucesso do planejamento de um coral.

Experiência da autora

Quais são os objetivos musicais e performáticos do grupo? Como avaliar sua evolução? Em qual ponto da temporada ou do projeto devemos fazer avaliação para mensurar se estamos nos aproximando do nosso objetivo? Como avaliar o canto coral?

Essas são perguntas que passei a fazer quando comecei a estudar gestão de pessoas. Em dado momento da minha trajetória como regente, senti a necessidade de buscar apoio em outras áreas do conhecimento – e foi aí que me dei conta de que meu trabalho acontecia quase que por sorte. Mais sorte que juízo, na realidade.

Se um gestor de empresas me perguntasse sobre os dados do meu coral, eu não saberia detalhar nada além da quantidade de cantores com assiduidade. Mas até que ponto devemos mensurar uma atividade tão particular como o canto em conjunto?

Nessas horas, sempre me recordo de *Alice no país das maravilhas*, de Lewis Carroll. Alice encontra o Gato de Cheshire e, já exausta por sua peregrinação, decide perguntar: "O senhor poderia me dizer, por favor, qual o caminho que devo tomar para sair daqui?". Sabiamente, o Gato responde: "Isso depende muito de para onde você quer ir". Alice, então, retruca: "Não me importo muito para onde...". O Gato replica: "Então não importa o caminho que você escolha". Alice completa: "...contanto que dê em algum lugar" (Carroll, 2014, p. 51).

Esse diálogo me faz questionar se sou o tipo de regente Alice: qualquer trabalho serve, pois resultará em algo. Creio que por algum tempo eu trabalhei dessa forma, pensando em "montar" e "ajeitar" as músicas o quanto antes para que o coro se apresentasse. Hoje, entendo que o trabalho de um regente coral vai muito além disso.

O "simples" fato de equilibrar a escolha do repertório entre o que os coralistas desejam ou a instituição e, até mesmo, o público almejam requer um conhecimento aprofundado da literatura musical e de didáticas de ensino, assim como também envolve conhecimento de gestão e planejamento para realizar todas as adequações necessárias no tempo de execução do projeto. Nesse contexto, o que pode ser mensurado qualitativamente? E quantitativamente?

A seguir, apresentamos uma planilha com notas dadas para cada coralista nos quesitos *afinação* e *precisão rítmica*. Nesse modelo, os coralistas não são identificados, mas o grupo consegue visualizar o aproveitamento do coro nesses aspectos.

Figura 6.1 – Planilha para avaliar afinação e precisão rítmica

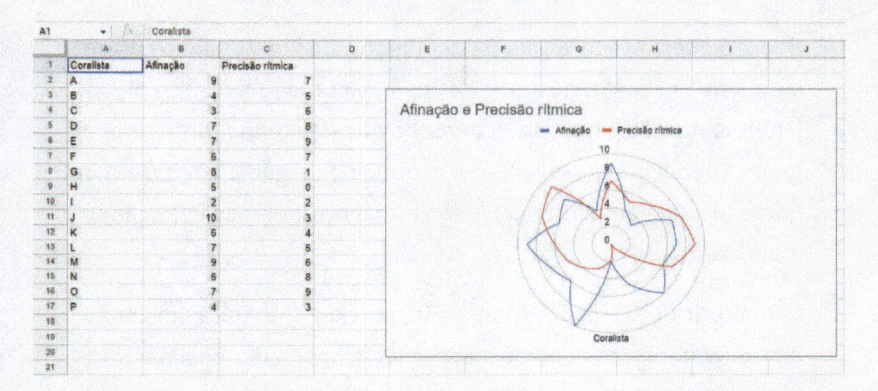

Acesse o QR Code a seguir e faça uma cópia da planilha para você.

Figura 6.2 – QR Code: Planilha de avaliação qualitativa

Experiência da autora

Sobre planejamento, eu sempre começo pelo final! Quando coloco a data de apresentação, por exemplo, e começo a fazer o planejamento de trás para frente, percebo que não tenho tanto tempo quanto achei que tivesse. É um exercício mais difícil de fazer no começo, mas, com o tempo, cada etapa do processo vai ficando mais clara.

Figueiredo (1990, p. 13) aponta: "O planejamento para aplicação de treinamento, bem como sua avaliação, pode dimensionar problemas e elucidar as estratégias que melhor atendem as necessidades de um grupo".

Escreva a data final do concerto/apresentação/fechamento do projeto. Depois, liste as datas de ensaio, de trás para frente. Quando são os ensaios gerais? Como quer que seu coral esteja nesse dia final? Descreva como seria o coral ideal: Como quer que seus cantores estejam no palco (roupa, maquiagem, cenografia, até os aspectos técnicos e artísticos que envolvem a *performance* musical)?

Ainda que eu seja totalmente adepta da participação dos cantores em todos os processos do coro, reservo esse momento para mim. Depois de definir esses aspectos iniciais, os coralistas podem dar ideias e colaborar.

Observe o planejamento a seguir como exemplo, feito por mim e compartilhado com meu grupo para a preparação do show *This is It — Um tributo ao Rei do Pop*, em julho de 2019.

Quadro 6.1 – Planejamento para o Coral da UTFPR, temporada de 2019

Data	O que pretendo até a data especificada
Concerto final: 5 de julho de 2019 Tributo ao Rei do Pop II Mostra dos Corais UTFPR	Pretensão artística: O Coral da UTFPR deve saber todas as músicas de cor e estar com roupa no estilo do Michael Jackson (MJ), com presença de palco, olhos brilhando e segurança. Afinadíssimos! Dicção excelente. Coreografias fluentes e unificadas. Cenografia espetacular baseada na evolução das mídias musicais desde a década de 1970. Todas as músicas que não fazem parte da mostra precisam estar impecáveis. Nenhuma música deverá ser deixada para ser trabalhada no segundo semestre. Tudo lido, tudo pronto.
Ensaio geral com todos os grupos: 4 de julho	O Coral da UTFPR sabe sua ordem de entrada e saída. Ensaio flui com mais tranquilidade. Todos sabem cantar de cor já no ensaio geral. Todos estão com as roupas solicitadas. A banda chega no horário, a passagem de som é um sucesso. Tudo termina no horário.
Ensaio geral individual dos grupos: 2 de julho	O grupo irá testar a acústica do auditório e também seu posicionamento no palco. Treinará entradas e saídas. Somente músicas do MJ.
Ensaio-apresentação: 25 e 27 de junho	Na sala do coral, o grupo usará o tempo inteiro de ensaio para treinar a apresentação de todas as músicas (incluindo MJ e as demais do repertório, com foco nas músicas do MJ). Repetição é a alma do negócio. A cada repetição, busca-se um aspecto a ser melhorado.
Ensaio-fixação: 18 de junho	Ensaio pré-feriado é sempre complicado, pois o pessoal costuma faltar. De qualquer forma, aproveitarei esse ensaio para lapidar alguns trechos das músicas e das coreografias que precisam ser trabalhadas.

(continua)

(Quadro 6.1 – conclusão)

Data	O que pretendo até a data especificada
Ensaio-fixação: 13 de junho	Treinamento de coreografia do MJ, fixação das letras de todas as músicas.
Ensaio-fixação: 11 de junho	Treinamento de coreografia do MJ, fixação das letras de todas as músicas.
Ensaio-fixação: 6 de junho	Treinamento de coreografia do MJ, fixação das letras de todas as músicas.
Ensaio-fixação: 4 de junho	Treinamento de coreografia do MJ, fixação das letras de todas as músicas.
Ensaio-leitura: 30 de maio	Último dia de leitura das músicas: *Will You Be There, We are the World, Don't Stop Til You Get Enough, The Way You Make Me Feel, O meu maracatu, Bicho do Paraná, Mamma Mia, O cantador* e *Ol' Time Religion*. Total de músicas lidas no primeiro semestre: 9. Total de ensaios: 29. Nível de dificuldade das músicas: complexo/difícil.

Não coloquei neste livro o planejamento do semestre inteiro, apenas apresentei uma parte para que fique claro meu planejamento. Depois desse processo às avessas, é muito comum mudarmos o planejamento quando voltamos a ler da data atual para a final, pois percebemos que, talvez, o tempo não seja suficiente para o que temos em mente. É normal isso acontecer e não tem problema algum.

Planeja-se de trás para a frente, com o foco no resultado. O fato é que quem não planeja não chega a lugar algum. Seja um regente coral assertivo, com metas claras. Permita também ser flexível com o que foi planejado.

Fora esse planejamento estratégico, eu faço o planejamento de aprendizagem do coralista, que chamo de PAC. Nele, listo todos os objetivos do cantor e o que eu faço para auxiliá-lo nesse processo. Contudo, esse assunto será detalhado em outra oportunidade.

Logo, precisamos rever nossa forma de agir com os corais: o foco do planejamento tem sido o ensino do professor, e não o aprendizado do aluno. Parece óbvio, mas planejamos o que vamos ensinar, e não o que os cantores precisam aprender.

Quando fiz licenciatura, passei meses aprendendo a fazer plano de ensino. Hoje entendo que eu posso ensinar meu aluno e cumprir com o meu objetivo. Mas isso não significa que o meu cantor tenha aprendido.

Ao me deparar com metodologias ativas de ensino, entendi que o coralista precisa estar no centro da aprendizagem, e não o regente. No meu processo de aprendizagem de piano e de canto, a relação mestre-pupilo, tradicional do modelo de conservatório francês, sempre me deu a sensação de que eu apenas estava recebendo o conhecimento do meu professor. Em outras palavras, eu ia para a aula de canto e a minha professora de canto escolhia todos os *vocalises*, selecionava o repertório, dava dicas sobre interpretação, dinâmica etc. Ela dizia se eu estava acertando ou errando. No piano, também funcionava assim: meu professor me passava o dedilhado, escolhia quase todo o repertório, dava o direcionamento interpretativo das obras. Minha participação era escutar atentamente e replicar o que estava sendo solicitado.

Ainda na faculdade de Música, o repertório da disciplina de Canto Coral era escolhido pela professora. Obviamente que cito aqui uma experiência pessoal, mas que certamente causará identificação em muitos leitores.

Quando descentralizamos o processo de aprendizado, estamos falando sobre metodologias como a sala de aula invertida, criada por dois professores estadunidenses, Jonathan Bergmann e Aaron Sams. Nessa abordagem, a aula é dada antes de o aluno chegar na sala, ou seja, a aula é o dever de casa. Durante a aula na escola, os alunos aproveitam para tirar dúvidas, aprofundar o conteúdo. Os professores passaram a sentir que, com essa metodologia, a aula passou a girar em torno dos alunos (Bergmann; Sams, 2016).

Nas próximas seções, trataremos de metodologias de leitura de partituras e de canções, desde cânones e ostinatos até músicas corais para três ou mais vozes. Vários exemplos práticos serão dados, assim como meios de incluir os coralistas como parte central do processo.

6.3 Leitura de partituras para coral

É sempre interessante notarmos que, quando falamos de leitura de partituras para coral, estamos tratando tanto da leitura que o coralista faz quanto daquela que o regente faz.

O regente olha para a partitura a fim de identificar a tessitura de cada voz, as células rítmicas recorrentes, os intervalos mais difíceis, as harmonias que precisam de atenção, entre outras situações. Ele também observa o material com a atenção de quem precisa ensinar outra pessoa na execução da obra.

O coralista que não foi alfabetizado musicalmente tem uma leitura um pouco diferente. A partitura passa a ser uma guia que contém a letra da música e, eventualmente, alguma outra indicação.

> **Experiência da autora**
>
> Muitas vezes, a partitura acaba mais por atrapalhar do que ajudar, a exemplo de alguns corais da melhor idade, em que a letra da partitura pode ser tão pequena que os idosos têm dificuldade para enxergar. Tive essa experiência, e eles, muito espertos, imprimiram a letra em um tamanho maior, com a marcação de compassos. Então, quando eu pedia, "vamos do compasso 32", eles sabiam exatamente em que ponto eu estava, mesmo sem a partitura. Demorei uns meses para descobrir a manobra.
>
> Em contrapartida, tive uma experiência curiosa com uma coralista que não curtia a obrigatoriedade da partitura, pois sempre cantou em corais com letra apenas, e reclamou disso por muitos anos. Pois bem, um belo dia, eu levei para o ensaio apenas a letra de um cânone e distribuí para os coralistas. Levei uma bronca dessa cantora: "Mas o que é isso? Cadê a partitura? Bem mais difícil aprender assim!".
>
> Toda essa experiência me levou a compreender que cada caso é um caso e que não existem receitas.

Nesta seção, vamos abordar a leitura musical, principalmente do ponto de vista do coralista sem formação específica em Música ou letramento/alfabetização musical. Além disso, vamos indicar alguns recursos tecnológicos que podem auxiliar nossos cantores a desenvolverem uma leitura musical com mais facilidade.

Nossa vida está repleta de símbolos que significam diversas coisas, como é o caso das próprias placas de trânsito, do símbolo de Wi-Fi e de gestos como levantar a mão para sinalizar "pare". O mesmo ocorre no caso da leitura musical, como demonstraremos a seguir.

Primeiramente, devemos lembrar que a leitura musical que conhecemos hoje é uma convenção ocidental, pertencente a uma tradição eurocêntrica. Cada povo tem uma musicalidade própria, instrumentos, sonoridades, formas, expressividade e um tipo próprio de registrar sua música. Logo, podemos afirmar que a leitura musical parte da capacidade que um indivíduo tem de entender códigos previamente convencionados que soarão com determinada frequência e intensidade.

Agora, vamos experimentar um exercício para desmistificar a leitura musical.

Figura 6.3 – Símbolos para exercícios de leitura musical

Na Figura 6.3, há três símbolos diferentes. Podemos convencionar que cada um terá um som, não necessariamente uma nota musical ou uma melodia. Para corais iniciantes, é possível, por exemplo, combinar que cada figura será uma palavra.

Esse momento pode se tornar muito divertido, pois cada coral pode criar combinações legais para cada imagem, como apresentado na Figura 6.4. Além disso, envolver os cantores nas tomadas de decisão tem sido cada vez mais importante no processo de aprendizagem do canto coral.

Figura 6.4 – Símbolos para exercícios de leitura musical: exemplo com palavras

Café com pão   Manteiga   Pinga

Então, podemos montar uma "partitura de símbolos", com uma sequência qualquer de palavras, como a da Figura 6.5.

Figura 6.5 – Exercício de leitura de composição musical em grupo com o uso de símbolos

Parece uma atividade boba, mas é possível trabalhar a leitura incluindo outros elementos. Por exemplo, podemos dividir o coro em três grupos, e cada um executar uma linha sobrepondo uma à outra (um início de treino para ouvido polifônico). É possível alterar a velocidade de execução ou, ainda, solicitar que cada frase seja executada com caráter diferente (triste, feliz, rindo, chorando etc.).

Bourscheidt (2008, p. 27-28) segue na mesma direção ao corroborar a importância de treinamentos sobre o texto falado:

> A leitura expressiva, por sua vez, também favorece a expressão verbal. Wuytack sugere um tipo de recitação onde todos os alunos falam o mesmo texto ao mesmo tempo – geralmente a letra da canção que está sendo trabalhada –, mas cada um ao seu tempo, utilizando toda a tessitura da voz e de acordo com a sua própria intencionalidade expressiva. O resultado é uma massa sonora, sem cesuras e de grande valor expressivo.

É possível também, como proposta de metodologia ativa, pedir que os próprios cantores escolham a ordem e/ou a sobreposição das frases, da expressividade e da dinâmica.

Como adaptação do mesmo exercício, podemos incluir, aos poucos, elementos rítmicos ou melódicos, como no exemplo da Figura 6.6, na qual sugerimos que o ritmo proposto seja ensinado aos coralistas sem que, em um primeiro momento, a grafia musical tradicional seja apresentada. Os coralistas aprenderão que o círculo azul tem aquela composição rítmica; aos poucos, a grafia tradicional pode ser acrescentada.

Figura 6.6 – Exemplo de inclusão de elementos rítmicos na leitura de símbolos

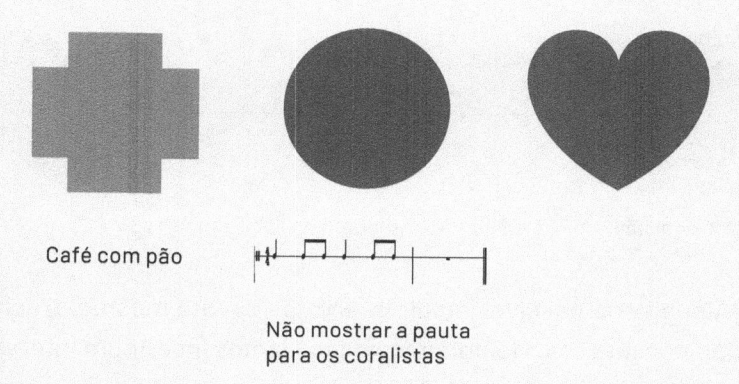

Café com pão

Não mostrar a pauta para os coralistas

Inicialmente, podemos executar o trecho com palmas e, em seguida, incluir na troca a notação musical tradicional. Ou seja, a prática acontece antes de se entender a teoria.

> **Experiência da autora**
>
> Mas por que toda essa volta para introduzir a notação musical tradicional? Com base na minha experiência, as pessoas costumam ficar apavoradas e, muitas vezes, se sentem incapazes de entender. Se aprendem o ritmo antes, se entendem que conseguem ler o círculo azul e transformá-lo em som, passarão por esse processo de forma muito mais tranquila.

Na sequência do exercício, os símbolos seriam trocados parcialmente pela notação tradicional. Porém, o coralista já executou a música antes.

Figura 6.7 – Exemplo de inclusão de elementos na leitura de símbolos: acréscimo de notação musical tradicional – ritmo

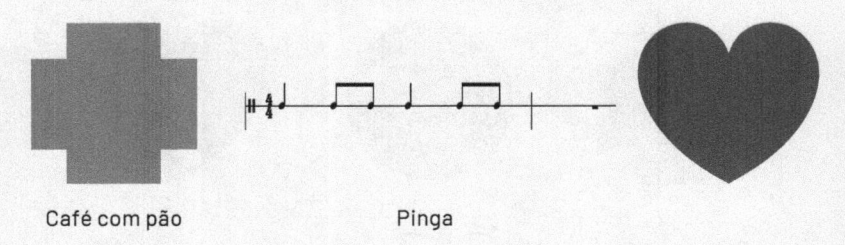

Café com pão   Pinga

Ainda seria possível incluir intervalos ou, até mesmo, trechos melódicos inteiros. No próximo passo, vamos inserir um intervalo, como mostrado na Figura 6.8. Nesse caso, o coração terá o som de uma terça menor descendente. Continuaremos mostrando o símbolo musical somente depois da vivência musical.

Figura 6.8 – Exemplo de inclusão de elementos na leitura de símbolos: acréscimo de notação musical tradicional – melodia

Café com pão

Não mostrar a pauta
para os coralistas

A ideia é sempre vincular um som a um símbolo, começando com a voz falada, de modo a explorar suas nuances e sua expressividade. Após essa experiência (mais próxima da realidade do cantor), podemos ampliar a leitura com sons musicais, substituindo as imagens pela notação tradicional – sempre aos poucos e partindo da vivência musical. A partitura final do nosso exercício poderia ser a apresentada na Figura 6.9.

Figura 6.9 – Exemplo de inclusão de elementos melódicos na leitura de símbolos

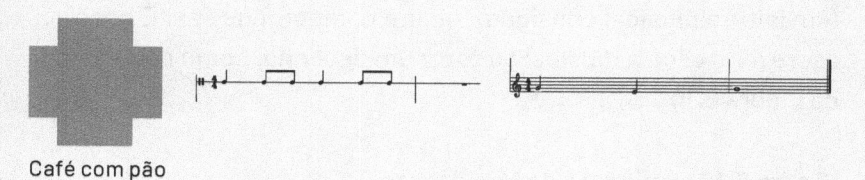

Café com pão

Com base no mesmo pressuposto, o regente pode incluir o trecho de uma música do coral, aproximando o exercício da realidade musical do coro. É muito importante que os exercícios propostos durante o aquecimento tenham uma forte conexão com o repertório a ser ensaiado.

Outro exercício muito válido e igualmente relevante é a adaptação dessa mesma proposta para movimentos ou gestos corporais. Cada gesto escolhido terá um som específico. Ao se fazer o gesto, executa-se o som. Falamos sobre isso quando tratamos da relação corpo e voz.

Essa proposta pode envolver, nos seus estágios mais avançados, gestos da regência coral, já que consideramos fundamental o coro compreender, e não somente reagir, ao gestual do regente. Quando o coralista passa pela experiência de reger o próprio grupo em que canta, o aprendizado é real e profundo, e a comunicação entre regente e coro passa a um novo patamar.

Outra ferramenta que pode auxiliar o coro na leitura de partitura é o **SongMaker**, do Chrome Music Lab. Como já mencionamos, é um laboratório *on-line* de música, totalmente gratuito, cuja principal característica é uma *interface* pensada para que pessoas que não têm leitura musical consigam tocar e compor músicas. É possível escrever a escala musical ou fazer um desenho, como no exemplo da Figura 6.10.

Figura 6.10 – *Interface* do SongMaker

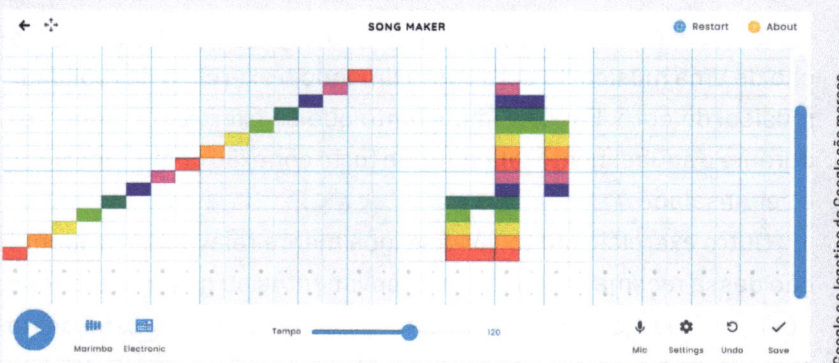

As notas são definidas por cores. É possível modificar o instrumento, o andamento, o modo, a quantidade de tempo e a subdivisão rítmica, além de haver base de percussão, entre outras funções.

Como exemplo, imagine dois ostinatos simples para trabalhar com dois grupos. Agora, pense em apresentá-los da seguinte forma:

Figura 6.11 – Ostinatos feito no SongMaker

Depois de os coralistas ouvirem e explorarem essa forma de leitura, é possível apresentar a forma tradicional, conforme indicado na Figura 6.12.

Figura 6.12 – Transcrição para notação tradicional de ostinato feito no SongMaker

Acesse esse ostinato e outros recursos no QR Code a seguir.

Figura 6.13 – QR Code: SongMaker no canto coral

Por fim, gostaríamos de salientar que o ensino da linguagem musical formal é importante e que todas as pessoas que cantam em coros devem ter acesso a esse tipo de conhecimento. Da mesma forma, devemos desmistificar a linguagem musical para que as pessoas se sintam acolhidas. Se for necessário utilizar ferramentas digitais ou analógicas, isso não é um problema. Precisamos facilitar a aprendizagem.

6.4 Cânones e ostinatos

Esses dois recursos são poderosos quando aplicados aos coros iniciantes. Isso pode se dar com linhas melódicas e/ou rítmicas, mas deve ser feito com frequência, para o coro ganhar mais autonomia e desenvolver ouvido polifônico, preparando os coralistas para músicas com duas ou mais vozes.

A seguir, apresentamos um exemplo muito simples que usa uma parlenda para que o grupo consiga compreender a atuação de duas vozes. Em um primeiro momento, o grupo aprende a parlenda e as palmas como se fossem uma única linha.

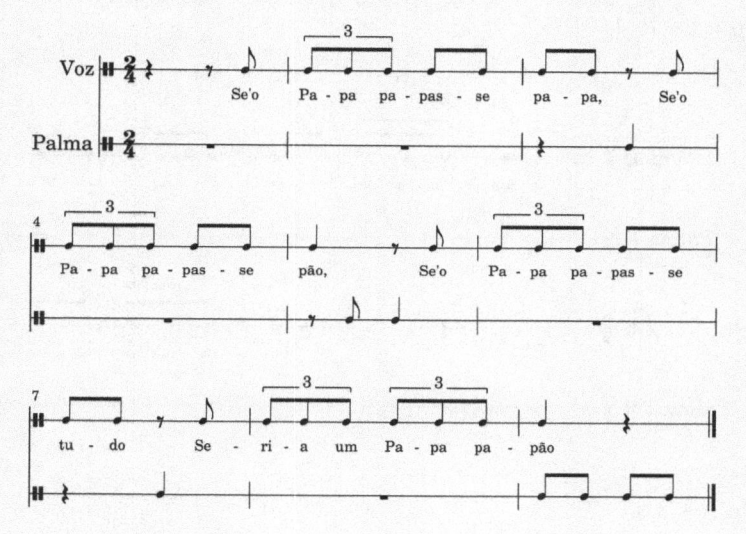

Partitura 6.1 - Partitura da parlenda *Se o papa papasse papa*

```
Voz: Se'o Pa-pa pa-pas-se pa-pa, Se'o
Palma: (ritmo de palmas)

Pa-pa pa-pas-se pão, Se'o Pa-pa pa-pas-se

tu-do Se-ri-a um Pa-pa pa-pão
```

Após o coro aprender e ficar firme nessa primeira proposta, deve-se dividir o grupo em dois, e cada um fará uma linha. O treino é exatamente para que o coro perceba a "conversa" entre as duas linhas. Pode parecer algo muito simples, mas, acredite, tratando-se de coros iniciantes, é um grande desafio separar os grupos e trabalhar de forma independente em uma única música.

Outra coisa importante nesse exercício é a alternância de execução: o grupo que fez a palma passa a cantar a linha principal e vice-versa.

Como sugestão de desafio, é possível ampliar o grau de dificuldade, criando um cânone. As entradas podem ser escolhidas pelo regente ou até mesmo pelo próprio grupo. A título de curiosidade, a partitura desse treinamento ficaria como demonstrado nas Partituras 6.2 e 6.3.

Partitura 6.2 – Partitura de cânone da parlenda *Se o papa papasse papa*: parte 1

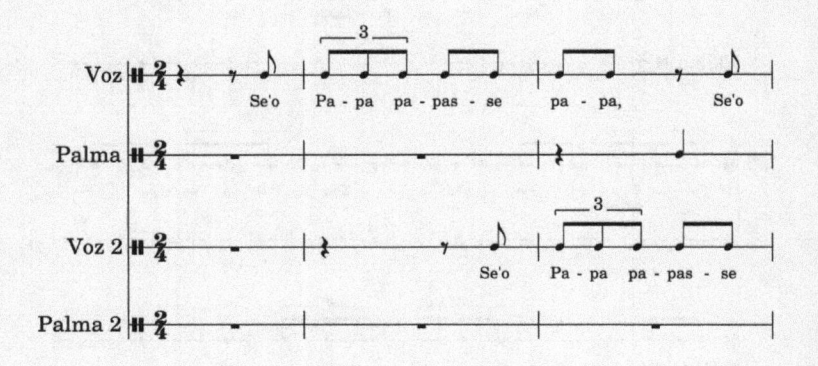

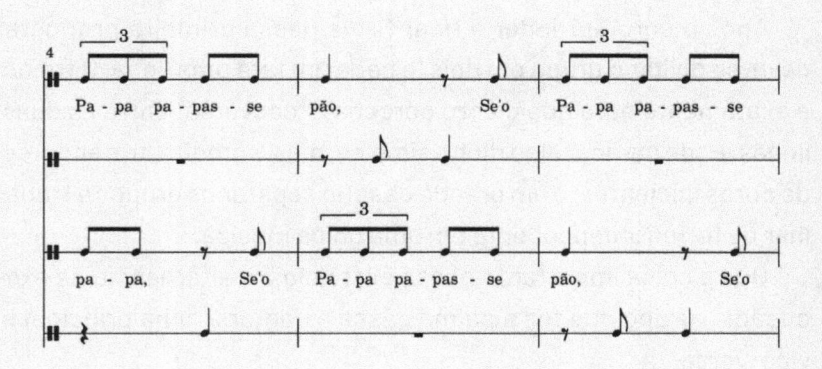

Partitura 6.3 – Partitura de cânone da parlenda *Se o papa papasse papa*: parte 2

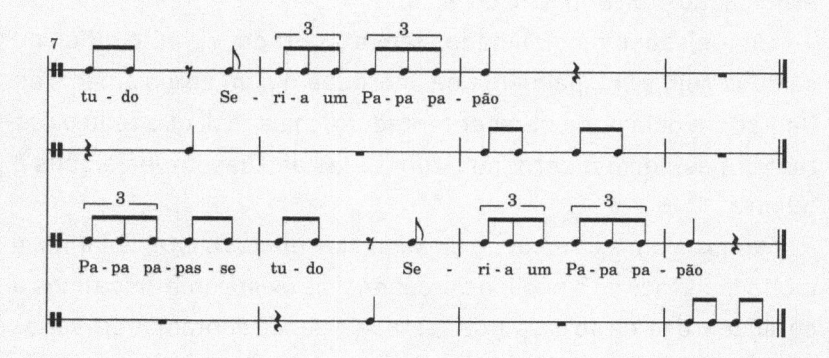

Em coros com mais experiência, é possível dar um passo adiante com relação aos ostinatos. Com uma base harmônica simples, sugira que o coro improvise pequenas melodias. Registre as melodias que harmonizam com a base e faça o coro ouvir. Proponha que o grupo escolha algumas improvisações e as transforme em ostinatos. Depois, com a mesma base harmônica, junte os ostinatos de cada grupo. O coro terá criado seu primeiro exercício polifônico.

6.5 Canto coral em uníssono

Muitos de nós provavelmente já caíram nessa: canto coral tem de ser a quatro vozes. Essa tradição é tão forte que, quando iniciamos o trabalho com um grupo coral, logo pensamos em um arranjo a duas vozes. É o mínimo!

O uníssono, único som, uma só voz, é comumente deixado de lado por muitos regentes, como se o cantar a duas vozes ou mais pudesse conferir ao seu trabalho um algo a mais, quando, na verdade, a divisão de vozes pode acabar mascarando, por exemplo, problemas de articulação e/ou afinação do coro.

Um uníssono de qualidade, bem executado, é muito difícil de se construir, principalmente na abordagem com coros amadores. Cantar melodia pode parecer tentador e mais fácil que todo o restante, mas deixa o coro "nu", com todas as suas imperfeições à mostra.

Vamos a um exemplo: no uníssono, se um coralista desafina, é muito mais fácil de o público perceber, pois existe uma única linha e, se alguém destoa do grupo, se destaca. Quando cantamos em várias vozes, muitas vezes o público nem consegue acompanhar as linhas com clareza (porque costumamos não trabalhar essas camadas, papo para outro tópico mais adiante neste capítulo).

Ao optarmos por trabalhar uma música em uníssono, podemos desenvolver diversas habilidades com o coro: articulação, técnica vocal, fraseado mais expressivo, respiração coral, acabamento de início e fim de frase, precisão, entre outras habilidades que costumamos deixar de lado para que o coro cante em várias vozes.

No exemplo a seguir, há um trecho do arranjo da maestra Patrícia Costa. Ele se abre em duas vozes, mas, nesse início, elas cantam em uníssono.

Partitura 6.4 – Trecho do arranjo de *A lua*, de Patrícia Costa

[trecho musical com letra:]
a lu_ a_ quando ela_ ro_ da é no_ va
a lu_ a_ quando ela_ ro_ da é no_ va
cres-cen-te ou_mei a lu a é chei_ a_ e quando ela ro_ da
cres-cen-te ou_mei a lu a é chei_ a_ e quando ela ro_ da

Acordes: A maj7, C#m7, A maj7

Título: A Lua
Composição: Renato Rocha
Arranjo: Patrícia Costa
Arranjo instrumental (piano): Danilo Frederico
Edição: Leo de Freitas

Fonte: Costa, 2022, p. 2.

Experiência da autora

Sempre que trabalho a canção *A lua* com grupos iniciantes, acontece algo bastante específico. Os cantores fazem um portamento entre as notas das sílabas *lu-a*, *ro-da* e *no-va*. A colcheia que é sustentada na ligadura se torna um enorme desafio. Trabalhar a sustentação da afinação, nesse caso, é um ganho técnico para o grupo.

Fiquei durante dias tentando entender o motivo desse portamento acontecer em virtude do tempo de uma colcheia ligada, e eis que me surgiu um motivo: a insegurança. Exato. A insegurança de não saber ao certo quanto tempo segurar a nota anterior para cantar a seguinte. Então, "escorregar" entre as notas faz com que o cantor não erre nunca.

Quando percebi isso, entendi o que deveria fazer: deixar o grupo seguro quanto à duração e explicar o que estava acontecendo, pois assim todos poderiam perceber e buscar a correção junto comigo.

Vamos a um exemplo de exercício que fiz com alguns grupos e que surtiu efeito:

1. Isole a nota da sílaba LU. O grupo precisa entender que essa nota não deve mudar. Faça várias durações. Conquistar a sustentação dessa primeira nota é muito importante.

Figura 6.14 – Exercício para correção de vício vocal

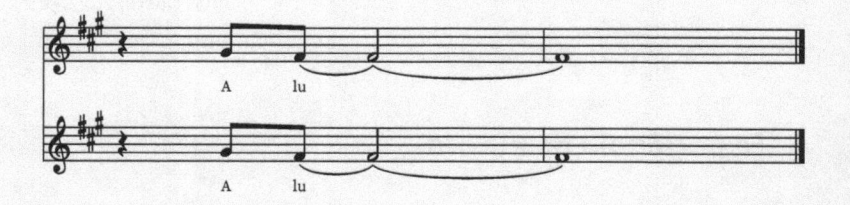

2. Uma segunda proposta, para adquirir outra habilidade, é chegar na nota correta, no Mi. Esse exercício pode ser feito de várias formas. Em um primeiro momento, o regente pode tocar A LU, e o coral deve cantar somente o Mi como resposta. Depois, o coral deve cantar o início e apenas ouvir a nota de chegada. Na sequência, cantará tudo,

> tentando manter a sustentação adquirida no primeiro exercício, mas enfatizando a pausa. A pausa vai assegurar que o grupo evite fazer o portamento.

O interessante nesse exercício é que os coralistas vão fazer o portamento, mas, por conta da pausa, irão perceber com mais facilidade. Não há problema algum em cantar com essa pausa por um tempo, até fixarem a nota de chegada e a duração correta. Na verdade, o aprendizado costuma ser rápido, mas será necessário refazer o exercício com certa frequência.

Figura 6.15 – Exercício para correção de vício vocal, com a pausa como recurso didático

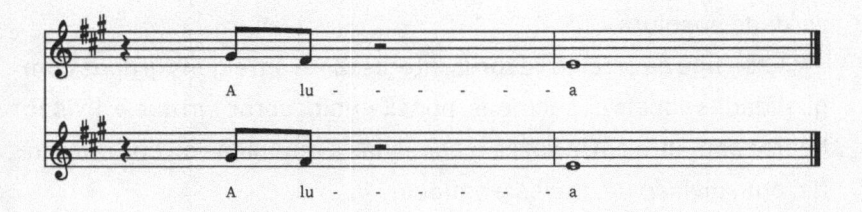

Por fim, não pense que o uníssono dá menos trabalho que um arranjo a quatro vozes. Pode ser uma pegadinha muito perigosa e também uma oportunidade de crescimento. Quando for escolher um arranjo, analise a textura, acompanhe a distribuição da melodia entre os naipes, verifique se há momentos em uníssono e como você pode aproveitá-lo para o desenvolvimento do som do seu coro.

6.6 Canto coral em duas vozes

Arranjos a duas vozes sempre parecem um bom caminho para fazer um coro iniciante começar a cantar em vozes. Mesmo após muitos anos de regência coral, é algo que acaba gerando dúvidas: depende muito do arranjo, da técnica de ensaio, do tempo de ensaio e do objetivo do grupo.

O arranjo é contrapontístico? A harmonia é muito difícil? O ritmo é muito "quebrado"? Tem muitas dissonâncias? Bem, se a música for difícil, um arranjo a duas vozes não vai facilitar tanto o trabalho do cantor, certo? Por isso, é necessário ponderar sobre a escolha. Claro que é mais comum arranjos vocais a duas vozes serem de execução mais simplificada, mas não podemos tomar isso como verdade absoluta.

Esse tipo de arranjo se torna interessante em alguns grupos com qualidades vocais específicas, por exemplo: coros em que a divisão ocorre somente entre vozes masculinas e femininas ou coros infantis, com divisão de graves e agudos.

No caso dos coros mistos, essa divisão costuma acontecer quando não há equilíbrio entre os naipes: um baixo para nove tenores, por exemplo, ou 18 sopranos para três contraltos. Nesse caso, a divisão a quatro vozes não é eficaz. Da mesma forma, nos coros infantis que optam por divisão de vozes, é bastante comum isso acontecer entre vozes graves e agudas (sopraninos e contraltinos).

Uma questão importante sobre arranjo a duas vozes é: Com quem está a melodia? Está apenas com a voz mais aguda? Essa pergunta é essencial porque, do ponto de vista pedagógico, delegar a melodia (que costuma ser mais fácil de ser aprendida) somente para uma das duas vozes pode ser um problema na dinâmica do ensaio.

Enquanto uma voz irá aprender com muita facilidade, a outra ficará a cargo de todo o restante. Na dinâmica de aprendizagem do grupo, será mais difícil fazer os dois grupos caminharem juntos, com a mesma motivação.

Coloque-se no lugar de um dos seus cantores: você aprende a melodia principal no primeiro ensaio, mas precisa ficar durante semanas ouvindo a outra voz ensaiar a mesma coisa, enquanto você só repete o que aprendeu rapidamente. Isso pode ser muito desmotivador. Por isso, é necessário que haja uma distribuição justa e igualitária de melodia entre as vozes. Assim, todos podem aprender como é cantar linhas internas que harmonizam com a linha principal.

Para ajudar o grupo a cantar a duas vozes, um exercício que pode ser feito é montar uma escala musical com bolas coloridas de papel no chão da sala de ensaio e pedir que o coro faça uma fila. Cada coralista deve pisar na nota musical e emitir o som correspondente. O coralista seguirá a escala, pisando e cantando a nota, enquanto os demais que estão na fila entrarão na escala cantando uma nota diferente.

Figura 6.16 – Esquema visual para aprendizagem de escala musical de Dó Maior

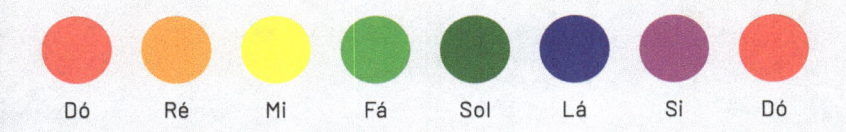

| Dó | Ré | Mi | Fá | Sol | Lá | Si | Dó |

Quando o primeiro coralista estiver cantando o Mi, o segundo coralista começa cantando o Dó, sempre marcados por um pulso mais lento. Desse modo, teremos várias vozes, mas o coralista estará concentrado em completar a escala musical. Com mais treino, é possível fazer duas ou mais filas para uma execução mais avançada desse exercício.

Quanto maior o treino, maior a possibilidade de os coralistas interferirem na escala, retirando notas, adicionando acidentes, montando repetições, enfim, desenvolvendo o lado criativo da composição musical.

Novamente, destacamos o uso do SongMaker como ferramenta. Com ele, podemos criar exercícios bastante visuais para ajudar os cantores a entenderem as diferentes camadas vocais quando cantamos em várias vozes.

O exercício da Figura 6.17 propõe que o cantor repita a nota mais grave enquanto o SongMaker executa as notas superiores. O cantor precisa entoar o Dó, na pulsação, enquanto ouve o restante. Depois, pode executar a alternância entre Sol e Lá, na linha superior. A execução da linha intermediária deve ser incentivada na medida em que o coralista conseguir executar as extremidades do exercício.

Figura 6.17 – Exercícios de polifonia com o SongMaker

Um dos pontos positivos do SongMaker é que o coralista pode acessar a plataforma diretamente do celular, sem precisar instalar um *software*. Se o cantor apresentar dificuldades, é possível retirar as notas apenas com um clique.

Acesse o exemplo da imagem anterior pelo QR Code a seguir.

Figura 6.18 – Exercícios de polifonia com o SongMaker

6.7 Canto coral em três ou mais vozes

Quando entramos na seara de três ou mais vozes, há dois fatores principais a serem discutidos: a distribuição do tempo durante o ensaio coral e o trabalho com planos sonoros – este, na verdade, já deve estar presente nos arranjos a duas vozes, mas aqui se mostra ainda mais necessário.

Apesar de parecer bastante óbvio, muitos de nós, regentes, pecamos nesses dois fatores na hora de planejar o trabalho. A distribuição do tempo, quando o repertório tem músicas com mais de três vozes, requer do regente uma organização do trabalho para evitar que os cantores não fiquem ociosos.

Imagine o seguinte cenário: o ensaio começa, o coro faz o aquecimento. O regente avisa qual será a primeira música ensaiada. Os sopranos ficam dez minutos passando sua linha, repetindo e tirando dúvidas. Os demais naipes seguem apenas ouvindo e esperando sua vez. Essa sequência irá se repetir com os demais naipes: uns dez minutos para cada. Em síntese, até chegar a vez dos baixos, eles terão esperado, no mínimo, trinta minutos sem cantar.

Experiência da autora

Para evitar o problema mencionado anteriormente, comecei a experimentar outras dinâmicas, por exemplo: deixo claro para o coro que vamos ensinar um trecho específico, mas que a dinâmica será feita com a participação de todos.

A seguir, listo algumas formas de envolver todo o coral durante a passagem de um trecho de determinada voz:

1. Delegar tarefas de percepção para outros naipes. Por exemplo: "Contraltos, por favor, prestem atenção no trecho que as sopranos irão cantar e vejam se a afinação/dicção/apoio/projeção/dinâmica está correta". Ao final, peça que sugiram as melhorias ou que reforcem o que foi bem executado. A escuta passa a ser ativa.
2. Enquanto um naipe presta atenção em determinado aspecto, os outros naipes podem ficar responsáveis pela manutenção da pulsação, batendo pés ou palmas.

Uma dinâmica interessante é envolver os demais naipes nas repetições: os tenores cantam seu trecho uma vez, sozinhos. Na primeira repetição, entram os sopranos. Na segunda, tenores e baixos. Na terceira, tenores e contraltos. Na quarta, todos cantam junto com os tenores.

Então, se você reservou dez minutos para passar um trecho específico com os tenores, pode usar essa alternância entre as vozes para a construção da sonoridade do coro, até porque os naipes não cantam suas linhas sozinhos, certo?

Nessa dinâmica, todos os naipes precisam estar atentos, pois serão requisitados a todo momento, e não somente a cada trinta minutos. Mas atenção: trata-se de um ensaio que exige muita atenção e concentração do regente.

No entanto, nessa situação, o interessante é que tanto o coro quanto o regente podem aprimorar o que acontece entre as vozes que ficam nas extremidades (sopranos e baixos) ou com as vozes internas (tenores e contraltos), além de explorar as relações entre vozes masculinas e femininas.

No exemplo a seguir, discutiremos algumas possibilidades de dinâmica de ensaio de um trecho da música *Mudaram as estações*, com arranjo de Filipe de Matos Rocha. O arranjo foi pensado para três grupos (três vozes). Encaixa-se muito bem para sopranos, contraltos e barítonos.

Essa música é bastante conhecida dos coralistas na interpretação da Cássia Eller – por isso, é comum que tenham uma memória musical dessa sonoridade e do ritmo cantado por ela. Quando trabalhamos músicas populares, que fazem parte das *playlists* dos nossos coralistas, precisamos ter essa consciência de que, muitas vezes, e apesar da partitura, eles cantarão o que sabem de ouvido, e não necessariamente o que está escrito na partitura.

> **Experiência da autora**
>
> Quando me deparo com essas situações, negocio concessões. Aceito que alterem o ritmo se todos fizerem juntos, por exemplo. Ainda assim, existem trechos nos quais não é possível fazer alguma alteração por conta das demais linhas do arranjo, e, nesses casos, o grupo precisa se adequar ao que está escrito na partitura.

Em um primeiro momento, deve-se identificar a melodia principal. O arranjo citado de *Mudaram as estações* tem uma distribuição bastante igualitária da linha melódica, passando por sopranos, contraltos e vozes masculinas. Já nos primeiros compassos, vemos a linha melódica passar das vozes femininas para as masculinas.

Partitura 6.5 – Trecho de *Por enquanto*, de Renato Russo, com arranjo de Filipe de Matos Rocha

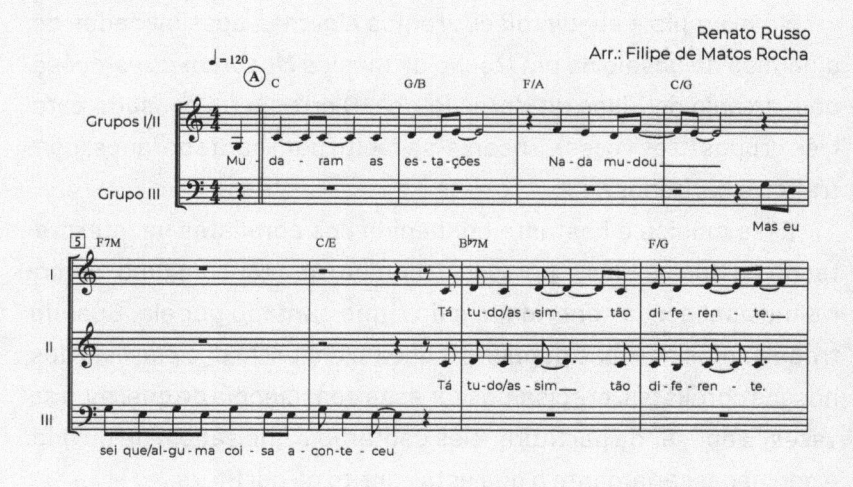

Fonte: Rocha, 2017, p. 1.

Por que não convidar o coro para cantar a melodia completa da música inteira? Esse tipo de abordagem é excelente quando queremos trabalhar melhor os planos sonoros com o coro, para que compreendam quem deve ficar em evidência na massa sonora.

Depois de todos cantarem tudo, podemos então repetir a música, desta vez fazendo a divisão da melodia principal, na forma como foi escrita pelo arranjador. Nessa repetição, somente a melodia será trabalhada, mas agora com cada naipe responsável pela sua execução.

Esse exercício também ajuda os cantores a manterem a condução da linha melódica. A dinâmica de ensaio prende a atenção do cantor, que precisa estar atento ao momento que deverá cantar sua parte da melodia. Depois de a linha melódica estar fixada, é hora de entrar com as vozes de acompanhamento.

Uma sugestão é que o regente busque identificar padrões rítmicos ou melódicos que se repitam nas linhas dos naipes para incluir a maior parte dos cantores nos exercícios. Assim, se tiver um padrão rítmico nas linhas das contraltos que se repita na linha dos barítonos, basta isolar esse elemento e trabalhar com os dois naipes ao mesmo tempo.

O planejamento de ensaio deve ser minuciosamente preparado a fim de que o tempo e o potencial do coro sejam aproveitados ao máximo. Se seu objetivo, como regente, for "passar" quatro músicas durante seu ensaio, essa será a experiência coral que você e seus coralistas terão: uma sequência de notas sendo repetidas. Agora, se o tempo for observado, se os objetivos estiverem claros, o ensaio coral passará a ser uma experiência musical muito mais completa e prazerosa.

No Quadro 6.2, apresentamos um planejamento de aprendizagem do coralista (PAC). Nele, escolhemos o tipo de cada ensaio, detalhamos os horários destinados a cada seção que desejamos trabalhar, listamos os objetivos de cada etapa, selecionamos os trechos para ensaiar, definimos os exercícios (nem todos são incluídos no planejamento; geralmente, inserimos aqueles específicos do ensaio) etc. No exemplo, a duração do ensaio é de uma hora e meia.

Quadro 6.2 – Exemplo de planejamento de aprendizagem do coralista (PAC), por Priscilla Prueter

Planejamento de aprendizagem do coralista (PAC) Regente: Priscilla Battini Prueter		
Tipo de ensaio: ( ) Ensaio de leitura ( ) Ensaio-apresentação ( ) Ensaio-treino de palco ( ) Ensaio-recuperação ( ) Ensaio-fundamento (x) Ensaio-fixação		
Horário	O que o **coralista** vai aprender neste ensaio?	O que eu vou fazer para que o **coralista** atinja esse objetivo?
19h30min	Relaxar a musculatura. Aquecer a voz.	Selecionar exercícios de relaxamento e de aquecimento. Orientar a execução correta.
19h45min	Revisar os compassos de 21 a 40 de *Mudaram as estações* para fixar planos sonoros.	Propor três repetições do trecho: 1. Só canta quem está com a melodia. 2. Só canta quem não está com a melodia. 3. Todos cantam procurando deixar a melodia em evidência.
20h	Relembrar a letra completa da música *Will You Be There*.	Sugerir uma dinâmica em duplas para que, sem olhar a partitura, tentem falar juntos o texto de sua linha. Podem anotar os trechos que sentiram dificuldade para lembrar.

(continua)

(Quadro 6.2 - continuação)

Planejamento de aprendizagem do coralista (PAC)	
Regente: Priscilla Battini Prueter	
20h10min	Cantar de cor a letra de *Will You Be There*.	Perguntar aos coralistas quais trechos eles tiveram maior dificuldade de memorização da letra. Sugerir a seguinte sequência, com cinco repetições cada: 1. Cantar conferindo com atenção o texto, com a partitura em mãos. 2. Cantar sem partitura, tentando lembrar do texto. 3. Cantar novamente conferindo com atenção o texto, com a partitura em mãos. Solicitar que pensem em palavras-chave que possam ajudar na memorização. 4. Cantar o mesmo trecho omitindo **somente** as palavras-chave escolhidas (inverter o processo cognitivo). 5. Cantar todo o trecho trabalhado sem partitura.
20h30min	Cantar na posição de ressonância N. Ativar essa faixa de ressonância.	Selecionar e demonstrar os exercícios com nível de ressonância N. Orientar os coralistas durante a execução. [partitura musical: Na-u-u-u-Na-u-u-u-Na-u-u-u-Na-u-u-u-Na / N I Ê A Ô U] Sustentar a primeira nota em *bocca chiusa* e, em legato, cantar as demais vogais. Orientar para que mantenham as vogais no mesmo lugar de ressonância.

(Quadro 6.2 – conclusão)

	Planejamento de aprendizagem do coralista (PAC) Regente: Priscilla Battini Prueter	
20h40min	Fixar afinação *a capella* da música *Meu Maracatu*, entre os compassos 20 e 32.	Encontrar pontos de apoio da tonalidade. Identificar, com o coro, em qual trecho a afinação está caindo mais. Realizar ao menos cinco repetições de cada trecho para fixar a sustentação da afinação.
20h55min	Desaquecer a voz.	Propor exercícios com vibrantes, descendentes.

Esse planejamento é enviado para os cantores **antes do ensaio**, a fim de que possam visualizar o que irão aprender naquele dia. Note que eles não vão ao ensaio apenas para aprender as linhas de suas músicas: vão para desenvolver memória, melhorar a sustentação da afinação e aprender a colocar a voz em outros níveis de ressonância.

Portanto, o propósito do ensaio coral não deve ser somente aprender a cantar um novo repertório, mas também desenvolver nos cantores habilidades que serão aprendidas por meio das músicas cantadas. É uma mudança de perspectiva bastante importante.

▷▷ Resumo da ópera

Neste último capítulo, abordamos assuntos importantes da prática do ensaio coral, como tipos de ensaio, leitura musical com cantores que não sabem ler partitura, ensaio de cada tipo de arranjo vocal – de cânones e ostinatos até arranjos com três vozes ou mais.

Também discutimos a otimização do tempo de ensaio e formas de colocar nossos coralistas no centro do processo do ensaio coral, tornando-os protagonistas do fazer musical.

Como material de apoio, acesse a página sobre metodologias ativas e conheça mais sobre a sala de aula invertida e outras metodologias, como ensino híbrido e aprendizagem baseada em projetos.

Figura A – QR Code: Metodologias ativas

Teste de som

1. Quando o assunto é leitura de partitura, sabemos que poucas pessoas têm educação formal em Música que possibilite o solfejo. Indique a alternativa que **não** contém um procedimento que auxilie o coro a adquirir essa competência durante os ensaios:
   a) O grupo é homogêneo, por isso devemos trabalhar individualmente com cada cantor para não atrapalhar o ensaio ou desmotivar quem já sabe solfejar.
   b) A leitura pode ser incentivada por meio de ferramentas como o Music Lab.
   c) A leitura de símbolos faz parte do nosso dia a dia, e podemos utilizar esse recurso para mostrar ao coralista que a leitura musical não é tão difícil quanto aparenta ser.

d) O desenvolvimento dessa habilidade pode ser trabalhado no aquecimento vocal, com exercícios rítmicos, durante trechos de ensaio; enfim, a qualquer momento a leitura da partitura pode ser ensinada.

e) Coralistas com mais experiência na leitura de partitura podem ajudar e se tornar mentores dos iniciantes.

2. A aprendizagem de repertório por parte do coralista depende muito mais de como o regente planeja estratégias e abordagens de como irá ensaiar a música do que a regência propriamente dita. No que se refere à técnica de ensaio, analise as afirmações a seguir e assinale V para as verdadeiras e F para as falsas.

( ) É interessante isolar habilidades que precisam ser desenvolvidas: trabalhar só o ritmo ou só as entradas de um trecho.

( ) É interessante agrupar habilidades que precisam ser desenvolvidas: trabalhar ritmo e entradas de um trecho simultaneamente, pois a música acontece com tudo junto.

( ) Repetições precisam ter propósitos claros.

( ) Treinar o posicionamento de palco é tão importante quanto treinar a música.

( ) Não é necessário detalhar para os cantores todo o processo do ensaio. Eles gostam de cantar, não de analisar o que estão fazendo.

Agora, marque a alternativa que apresenta a sequência correta:

a) V, F, F, V, F.
b) V, V, V, F, V.
c) V, F, V, V, F.
d) F, V, F, V, F.

e) V, V, V, V, V.

3. Sobre o trabalho com cânones e ostinatos, é correto afirmar:
   a) Cânones e ostinatos nunca devem ser feitos com o coro sem antes se fazer uma leitura musical, um solfejo, para que os cantores desenvolvam essa habilidade.
   b) Cânones renascentistas apresentam uma qualidade melhor para se trabalhar com coros amadores.
   c) Ostinatos são excelentes para se trabalhar com coros iniciantes, mas, quando os coros se desenvolvem, o exercício acaba ficando muito fácil e pode desestimular os cantores.
   d) Cânones e ostinatos ajudam o coro a ganhar autonomia e a desenvolver o ouvido polifônico, preparando os coralistas para músicas com duas ou mais vozes.
   e) Cânones são excelentes para aquecimento vocal, pois, além de treinar o ouvido, aquecem a musculatura da voz.

4. No canto coral, trechos em uníssono são raros, embora sejam uma excelente oportunidade para desenvolvermos habilidades interpretativas e de técnica vocal nos cantores. Com base nessa afirmação, avalie as afirmações a seguir e assinale V para as verdadeiras e F para as falsas.
   ( ) Cantar em uma única voz é sempre mais fácil do que cantar em vozes.
   ( ) As desafinações podem ficar mais aparentes quando se canta em uníssono.
   ( ) Até as respirações individuais podem ficar mais evidentes quando cantamos em uma única voz.

( ) O uníssono pode ser usado para melhorar articulação, técnica vocal, fraseado, respiração coral, acabamento de início e fim de frase e precisão rítmica.

( ) Para um coro iniciante, arranjos em uníssono são a melhor opção.

Agora, marque a alternativa que apresenta a sequência correta:

a) V, F, F, V, F.
b) F, V, V, F, V.
c) V, F, V, V, F.
d) F, V, F, V, F.
e) F, V, V, V, F.

5. Quando começamos a ensaiar com três vozes ou mais, é necessário repensar o tempo e a técnica de ensaio para que possamos otimizar cada encontro com o coro. Com base nessa constatação, analise as afirmações a seguir.

I) Para envolver todos os coralistas durante a fase de leitura da música, podemos delegar tarefas de percepção para outros naipes. Eles devem escutar o outro naipe cantando e, ao final, podem solicitar um *feedback* do que o naipe cantou certo ou errado.

II) É importante que, entre uma passagem e outra entre os naipes, os cantores façam repouso vocal. Isso faz parte dos cuidados com a voz, e o regente deve prezar por isso.

III) Fazer com que todos cantem a melodia completa da música pode auxiliar o coro a entender os planos sonoros.

Agora, assinale a alternativa correta:

a) Somente a afirmação I é verdadeira.

b) Somente a afirmação II é verdadeira.
c) As afirmações II e III são verdadeiras.
d) As afirmações I e III são verdadeiras.
e) Todas as afirmações são verdadeiras.

Treinando o repertório

Questões para reflexão

1. Imagine um coral do qual você é o regente. Considerando o ensino de música na sua cidade, como você acredita que seria a aprendizagem musical dos cantores nos seus ensaios? Qual o tempo investido para aprender novas habilidades, como leitura rítmica, solfejo, técnica vocal e contextualização histórica? Anote e reflita se você passaria mais tempo investindo em aquisição de novas habilidades ou corrigindo nota.

2. Busque na internet alguns arranjos musicais ou obras originais para coro com as quais você gostaria de trabalhar com seu coral, atualmente ou no futuro. Como você equilibraria seu repertório segundo o grau de dificuldade dos arranjos musicais? São todos a quatro vozes, com grau de dificuldade elevado? Como você equilibraria a divisão de tempo durante a temporada para que o coro consiga aprender com eficiência o repertório proposto?

Atividade aplicada: prática

1. Pense em um repertório coral com o qual gostaria de trabalhar em um futuro próximo. Agora, procure descrever, de forma geral,

o que pretende fazer em cada ensaio até o fim do semestre (seu grande objetivo). Analise as habilidades musicais necessárias para que seu grupo consiga cantar a peça proposta (habilidades necessárias para o sucesso do grupo).

Faça um planejamento com ao menos dois ensaios, baseado nas habilidades que devem ser aprendidas pelo coralista (metas focadas no aprendizado dos coralistas). Inverta a perspectiva de planejamento e veja como seu ensaio irá render muito mais!

CONSIDERAÇÕES FINAIS

Considerar um final é algo bastante forte para um livro. Esperamos que, neste momento, sua visão sobre o trabalho do regente coral com grupos leigos, com pouca experiência, tenha se ampliado ao menos um pouco.

O regente coral brasileiro é multitarefa: arranjador, instrumentista, educador, cantor, arquivista, professor de técnica vocal, e por aí vai. Trata-se de uma profissão que exige atualização constante e uma curva de aprendizado enorme!

Desejamos que os recursos adicionais, acessados por QR Code, possam auxiliá-lo, leitor, neste caminho de aprendizagem constante. Nesse sentido, gostaríamos de reforçar que recursos tecnológicos costumam se tornar, cada vez com mais rapidez, obsoletos. A revolução causada pelo advento da internet nos modificou profundamente, e precisamos estar atentos às novas tecnologias e às revoluções que estão pela frente.

A música tem atravessado séculos, mantendo-se firme diante de revoluções, guerras e transformações sociais. O canto coral será cada vez mais necessário em um mundo disruptivo, no qual talvez a maior inovação que possamos oferecer seja a de que cada cantor poderá se encontrar e descobrir a própria voz.

Muitos outros assuntos poderiam ter feito parte deste livro, como gestual de regência, gestão de pessoas, arranjo e adaptações de obras para corais, mas, sem a contextualização histórica e um bom conhecimento sobre voz, técnica vocal, didática e metodologias de ensaio, não se faz música coral. Você pode ter uma técnica gestual fantástica, ser excelente ao escolher seus cantores e também ao motivá-los a participar de seu grupo, pode, enfim, ser um arranjador incrível, mas, se não souber usar o material vocal e não souber como as pessoas aprendem, nada acontece.

O regente coral precisa estar em constante processo de transformação se quiser transformar também o seu grupo. Nada é estático; nenhum conhecimento é absoluto, e nossas práticas devem ser frequentemente repensadas e revisitadas. Nossa expectativa ao reler este livro daqui alguns anos é justamente perceber quais aspectos foram aprimorados.

Ensejamos que você, leitor, também possa ter aproveitado as experiências e conhecimentos presentes nesta obra. Desejamos que siga evoluindo e descobrindo suas próprias soluções e inovações para que o ensino musical que acontece nos ensaios e nas *performances* artísticas dos grupos corais possa seguir em um processo de constante aprimoramento.

Esperamos, ainda, que tenha aproveitado as dicas de uso de tecnologia dadas ao longo do livro. Para mais informações sobre educação musical e tecnologias educacionais, acesse o *site* Legado Musical[1].

Finalizamos a obra com uma frase do maestro Harold Decker: "Não considere o músico um tipo especial de pessoa, considere que cada pessoa é um tipo especial de músico" (Decker; Kirk, 1995, p. 4, tradução nossa).

...
1   LEGADO MUSICAL. Disponível em: <http://www.legadomusical.com.br>. Acesso em: 9 fev. 2022.

REFERÊNCIAS

ALMEIDA, B. de; PUCCI, M. **Cantos da floresta**: iniciação ao universo musical indígena. São Paulo: Peirópolis, 2017.

ABORL-CCF – Associação Brasileira de Otorrinolaringologia e Cirurgia Cérvico-Facial. **Rouquidão, pigarro e dor de garganta frequentes**: sinal de que algo não está bem. 11 ago. 2003. Disponível em: <https://www.aborlccf.org.br/secao_detalhes.asp?s=51&id=462>. Acesso em: 8 fev. 2022.

ALMEIDA, B. de; PUCCI, M. Canção de fazer criança dormir: cantiga makuna da Comunidade São Pedro (Rio Negro). **Projeto Cantos da Floresta.** Disponível em: <https://www.cantosdafloresta.com.br/audios/cancao-de-fazer-crianca-dormir/>. Acesso em: 8 jan. 2022.

ALVES FILHO, P. E. **Tradução e sincretismo nas obras de José de Anchieta**. 205 f. Tese (Doutorado em Língua Inglesa e Literaturas Inglesa e Norte-Americana) – Universidade de São Paulo, São Paulo, 2007. Disponível em: <https://teses.usp.br/teses/disponiveis/8/8147/tde-06112007-112448/publico/TESE_PAULO_EDSON_ALVES_FILHO.pdf>. Acesso em: 8 fev. 2022.

ARAÚJO, M. **Belting contemporâneo**: aspectos técnico-vocais para teatro musical e música pop. Brasília: Musimed, 2013.

BEHLAU, M.; PONTES, P.; MORETI, F. **Higiene vocal**: cuidando da voz. São Paulo: Thieme Revinter, 2001.

BERGMANN, J.; SAMS, A. **Sala de aula invertida**: uma metodologia ativa de aprendizagem. Tradução de Afonso Celso da Cunha Serra. Rio de Janeiro: LTC, 2016.

BERNARDES, R. **José Maurício Nunes Garcia e a Real Capela de D. João VI no Rio de Janeiro**. Rio de Janeiro: Funarte, 2001. (Coleção Música no Brasil nos Séculos XVIII e XIX). Disponível em: <http://www.dominiopublico.gov.br/download/texto/mre000138.pdf>. Acesso em: 8 jan. 2022.

BOURSCHEIDT, L. **A aprendizagem musical por meio da utilização do conceito de totalidade do sistema Orff/Wuytack**. 123 f. Dissertação (Mestrado em Música) – Universidade Federal do Paraná, Curitiba, 2008. Disponível em: <https://acervodigital.ufpr.br/bitstream/handle/1884/16986/dissertacao_bourscheidt_luis.pdf?sequence=1>. Acesso em: 8 fev. 2022.

BYRD, W. **Adoramus te Christe**. CPDL, 2008. Voz, violino, viola, violoncelo e contrabaixo. Disponível em: <https://www.cpdl.org/wiki/images/2/28/BYRD-ADO.pdf>. Acesso em: 8 fev. 2022.

CAMARGO, C. M. E. da C. J. de. **Criação e arranjo**: modelos de repertório para o canto coral no Brasil. 278 f. Dissertação (Mestrado em Artes) – Universidade de São Paulo, São Paulo, 2010. Disponível em: <https://www.teses.usp.br/teses/disponiveis/27/27157/tde-04112010-144243/publico/5979961.pdf>. Acesso em: 8 fev. 2022.

CAMINHA, P. V. de. **A carta**. São Paulo, 1963. Disponível em: <http://www.dominiopublico.gov.br/download/texto/bv000292.pdf>. Acesso em: 8 fev. 2022.

CARROLL, L. **Alice no país das maravilhas**. São Paulo: Universo dos Livros, 2014.

CASCARDO, A. P. **Aquecimento e manutenção da voz**. Edição do autor. Curitiba: [s.n.], 2018.

CASTAGNA, P. A música como instrumento de catequese no Brasil dos séculos XVI e XVII. **D. O. Leitura**, São Paulo, ano 12, n. 43, p. 6-9, abr. 1994. Disponível em: <https://www.researchgate.net/publication/333150344_CASTAGNA_Paulo_A_musica_como_instrumento_de_catequese_no_Brasil_dos_seculos_XVI_e_XVII_D_O_Leitura_Sao_Paulo_ano_12_n43_p6-9_abr_1994>. Acesso em: 8 fev. 2022.

CHERÑAVSKY, A. Um maestro no gabinete: música e política no tempo de Villa-Lobos. In: ENCONTRO REGIONAL DE HISTÓRIA – O LUGAR DA HISTÓRIA, 17., 2004, Campinas. **Anais**... Campinas: Unicamp, 2004. Disponível em: <http://legacy.anpuh.org/sp/downloads/CD%20XVII/ST%20VIII/Analia%20Chernavsky.pdf>. Acesso em: 8 fev. 2022.

CIELO, C. A. et al. Músculo tireoaritenoideo e som basal: uma revisão de literatura. **Revista da Sociedade Brasileira de Fonoaudiologia**, v. 16, n. 3, p. 362-369, set. 2011. Disponível em: <https://www.scielo.br/j/rsbf/a/6fvZhfVYhBsDPWNqsVSdhdb/?lang=pt>. Acesso em: 8 fev. 2022.

COSTA, P. **Arranjos fáceis para corais**. 5. ed. v. 1. Disponível em: <https://11f5a126-d8b3-4b06-b41d-a2eee24a675f.filesusr.com/ugd/76304b_0ddc4cffe87f4aab9000d181d55107ad.pdf>. Acesso em: 8 fev. 2022.

CRISTÓFARO-SILVA, T.; YEHIA, H. C. **Sonoridade em artes, saúde e tecnologia**. Belo Horizonte: Faculdade de Letras, 2009.

DECKER, H. A.; KIRK, C. J. **Choral Conducting**: Focus on Communication. Prospect Heights: Waveland Press, 1995.

DINVILLE, C. **A técnica da voz cantada**. Tradução de Marjorie B. Couvoisier Hasson. 2. ed. Rio de Janeiro: Enelivros, 1993.

ENSINAMENTOS e aprendizagens nas atividades do coral... **História e cultura guarani**. Disponível em: <https://historiaeculturaguarani.org/educacao-guarani/educacao-guarani-no-coral/ensinamentos-e-aprendizagens-nas-atividades-do-coral>. Acesso em: 8 fev. 2022.

FERNANDES, A. J.; KAYAMA, A. G. A música coral dos primórdios do século XX aos primórdios do século XXI: a composição para coros e a performance do repertório moderno/contemporâneo. **Música Hodie**, v. 11, n. 2, p. 93-111, 2011. Disponível em: <https://www.revistas.ufg.br/musica/article/view/21808/12848>. Acesso em: 8 fev. 2021.

FERNANDES, A. J.; KAYAMA, A. G.; ÖSTERGREN, E. A. A prática coral na atualidade: sonoridade, interpretação e técnica vocal. **Música Hodie**, v. 6, n. 1, p. 51-74, 2006a. Disponível em: <https://www.revistas.ufg.br/musica/article/view/1865/11997>. Acesso em: 8 fev. 2022.

FERNANDES, A. J.; KAYAMA, A. G.; ÖSTERGREN, E. A. O regente moderno e a construção da sonoridade coral: interpretação e técnica vocal. **Per Musi**, Belo Horizonte, n. 13, p. 33-51, jan./jun. 2006b. Disponível em: <http://musica.ufmg.br/permusi/permusi/port/numeros/13/num13_cap_03.pdf>. Acesso em: 8 fev. 2022.

FERNANDES, E. Coral Viva La Vida: um sonho real. In: ALVES, C. de los S. (Org.). **A arte da técnica vocal**. Porto Alegre: Edipucrs, 2020. Caderno 2. p. 77-85.

FIGUEIREDO, S. L. F. de. **O ensaio coral como momento de aprendizagem**: a prática coral numa perspectiva de educação musical. 144 f. Dissertação (Mestrado em Música) – Universidade Federal do Rio Grande do Sul, Porto Alegre, 1990. Disponível em: <https://lume.ufrgs.br/bitstream/handle/10183/131743/000044124.pdf?sequence=1&isAllowed=y>. Acesso em: 8 fev. 2022.

GARCIA, J. M. N. **Missa Pastoril**: Kyrie Eleison. Rio de Janeiro: Musica Brasilis, 2017. Coro e orquestra. Disponível em: <https://musicabrasilis.org.br/sites/default/files/cpm108_missa_pastoril_grade_a3.pdf>. Acesso em: 8 fev. 2022.

GARNETT, L. New Historical Anthology of Music by Women. **Music and Letters**, v. 87, n. 1, p. 167-171, 2006.

GILIOLI, R. de S. P. **"Civilizando" pela música**: a pedagogia do canto orfeônico na escola paulista da Primeira República (1910-1930). 289 f. Dissertação (Mestrado em Educação) – Faculdade de Educação da Universidade de São Paulo, São Paulo, 2003. Disponível em: <https://www.teses.usp.br/teses/disponiveis/48/48134/tde-19122012-143551/publico/renato.pdf>. Acesso em: 8 fev. 2022.

GOMES, L. **1808**: como uma rainha louca, um príncipe medroso e uma corte corrupta enganaram Napoleão e mudaram a História de Portugal e do Brasil. São Paulo: Globo, 2014.

GOULART, D.; COOPER, M. **Por todo canto**: coletânea de exercícios de técnica vocal. Rio de Janeiro: D. Goulart, 2000.

HAENDEL, G. F. **Hail, Judea, Happy Land**. CPDL, 2015. Soprano, contralto, tenor e baixo. Redução para piano. Disponível em: <https://www.cpdl.org/wiki/images/6/62/Hail_Judea_Happy_Land.pdf>. Acesso em: 8 fev. 2022.

HARPSTER, R. W. **Technique in Singing**: A Program for Singers and Teachers. New York: MacMillan, 1984.

HENRIQUE, D. A evolução do Homo sapiens e o desenvolvimento da fala. **Socientifica**, 24 nov. 2016. Disponível em: <https://socientifica.com.br/evolucao-do-homo-sapiens-e-o-desenvolvimento-da-fala/>. Acesso em: 8 fev. 2022.

HOCK, H. H. Phonetics and Phonology. In: HOCK, H. H.; BASHIR, E. (Ed.). **The Languages and Linguistics of South Asia**: a Comprehensive Guide. Berlin: Gruyter Mouton, 2016. p. 375-436.

HOLLER, M. A música na atuação dos jesuítas na América Portuguesa. In: CONGRESSO DA ASSOCIAÇÃO NACIONAL DE PESQUISA E PÓS-GRADUAÇÃO EM MÚSICA, 15., 2005, Rio de Janeiro. **Anais**... Rio de Janeiro: Anppom, 2005. p. 1.131-1.138. Disponível em: <https://www.anppom.org.br/anais/anaiscongresso_anppom_2005/sessao19/marcos_holler.pdf>. Acesso em: 8 fev. 2022.

IPA — INTERNATIONAL PHONETIC ASSOCIATION. **The International Phonetic Alphabet**. 2020. Disponível em: <https://www.internationalphoneticassociation.org/IPAcharts/IPA_chart_orig/pdfs/IPA_Kiel_2020_full.pdf>. Acesso em: 8 fev. 2022.

JAQUES-DALCROZE, É. Os estudos musicais e a educação do ouvido. **Proposições**, Campinas, v. 21, n. 1, p. 219-224, jan./abr. 2010. Disponível em: <https://www.scielo.br/scielo.php?script=sci_arttext&pid=S0103-73072010000100015&lng=pt&nrm=iso&tlng=ptA>. Acesso em: 8 fev. 2022.

JUNKER, D. O movimento do canto coral no Brasil: breve perspectiva administrativa e histórica. In: ENCONTRO ANUAL DA ASSOCIAÇÃO NACIONAL DE PESQUISA E PÓS-GRADUAÇÃO EM MÚSICA, 12., 1999, Salvador. **Anais**... Disponível em: <https://antigo.anppom.com.br/anais/anaiscongresso_anppom_1999/ANPPOM%2099/CONFEREN/DJUNKER.PDF>. Acesso em: 9 jan. 2022.

KERR, S. Carta canto coral. In: LAKSCHEVITZ, E. (Org.). **Ensaios**: olhares sobre a música coral brasileira. Rio de Janeiro: Centro de Estudos de Música Coral, 2006. p. 118-143. Disponível em: <https://edisciplinas.usp.br/pluginfile.php/3190442/mod_resource/content/0/LivroEnsaios_Ebook_28-08-OCR.pdf>. Acesso em: 8 fev. 2022.

KREMER, R. L.; GOMES, M. L. de C. A eficiência do disfarce em vozes femininas: uma análise da frequência fundamental. **ReVEL**, v. 12, n. 23, p. 28-34, 2014. Disponível em: <http://www.revel.inf.br/files/1cf60caccb7480accf465bc241e04e76.pdf>. Acesso em: 9 fev. 2022.

LEITE, M. **Método de canto popular brasileiro para vozes médio-graves**. Rio de Janeiro: Irmãos Vitale, 2001.

LEMOS JÚNIOR, W. O ensino do canto orfeônico na escola secundária brasileira (décadas de 1930 e 1940). **Revista HISTEDBR On-Line**, v. 11, n. 42, p. 279-295, jun. 2011. Disponível em: <https://periodicos.sbu.unicamp.br/ojs/index.php/histedbr/article/view/8639880/7443>. Acesso em: 8 fev. 2022.

LIMA, S. T. A. de. **A relação corpo e movimento no aprendizado do canto**: uma experiência com circlesongs. 47 f. Trabalho de Conclusão de Curso (Licenciatura em Música) - Universidade de Brasília, Brasília, 2016. Disponível em: <https://bdm.unb.br/bitstream/10483/17380/1/2016_SarahThamiresAlvesDeLima_tcc.pdf>. Acesso em: 8 fev. 2022.

MADDALENA Casulana. **A Modern Reveal**. Disponível em: <https://www.amodernreveal.com/maddalena-casulana>. Acesso em: 8 fev. 2022.

MARIZ, V. **História da música no Brasil**. São Paulo: Civilização Brasileira, 1981.

MILLER, R. **On the Art of Singing**. New York: Oxford University Press, 1996.

MONTEIRO, D. B. Música religiosa no Brasil Colonial. **Fides Reformata**, v. 14, n. 1, p. 75-100, 2009. Disponível em: <https://cpaj.mackenzie.br/wp-content/uploads/2020/01/4-M%C3%BAsica-Religiosa-no-Brasil-Colonial-Donald-Bueno-Monteiro.pdf>. Acesso em: 8 fev. 2022.

MOZART, W. A. **Ave Verum Corpus**. CPDL, 2002. Soprano, contralto, tenor e baixo. Disponível em: <https://www.cpdl.org/wiki/images/f/ff/Moz-ave.pdf>. Acesso em: 8 fev. 2022.

OLIVEIRA, D. L. G. de. Villa-Lobos e o Canto Orfeônico no Governo Vargas: as concentrações orfeônicas e a Superintendência de Educação Musical e Artística. **Interlúdio** - Revista do Departamento de Educação Musical do Colégio Pedro II, v. 2, n. 2, p. 11-24, 2011. Disponível em: <https://www.cp2.g12.br/ojs/index.php/interludio/article/view/1536/1101>. Acesso em: 8 jan. 2022.

PAZ, E. A. **Villa-Lobos e a música popular brasileira**: uma visão sem preconceito. Rio de Janeiro: Eletrobrás, 2004. Disponível em: <http://www.ermelinda-a-paz.mus.br/Livros/vl_e_a_MPB.pdf>. Acesso em: 31 jan. 2022.

PINHO, S. M. R. **Manual de higiene vocal para profissionais da voz**. São Paulo: Pró-Fono, 1999.

PINHO, S. M. R.; KORN, G. P.; PONTES, P. **Músculos intrínsecos da laringe e dinâmica vocal**. 2. ed. Rio de Janeiro: Revinter, 2014. v. 1.

RIBEIRO, J. C. (Org.). **O pensamento vivo de Heitor Villa-Lobos**. São Paulo: M. Claret, 1987.

RIDING, A.; DUNTON-DOWNER, L. Tradução de Clóvis Marques. **Guia ilustrado**: ópera. Rio de Janeiro: J. Zahar, 2010.

ROCHA, F. de. M. **Mudaram as estações**. 2017. Disponível em: <https://80a0cb8d-1416-4523-8dd4-ad95abcfef6c.filesusr.com/ugd/8a2d8a_5b3f8cfd602d440aa3719bebd77101d3.pdf>. Acesso em: 8 fev. 2022.

ROSA, J. G. **Grande sertão**: veredas. 22. ed. São Paulo: Companhia das Letras, 2019.

RUBIM, M. **Voz. Corpo. Equilíbrio**. Rio de Janeiro: Revinter, 2019.

SCARPEL, R. D. **Aquecimento e desaquecimento vocal no canto**. 39 f. Monografia (Especialização em Fonoaudiologia Clínica) — Centro de Especialização em Fonoaudiologia Clínica, Salvador, 1999. Disponível em: <http://www.musicaeeducacao.ufc.br/Para%20o%20site/Revistas%20e%20peri%C3%B3dicos/Artigos/sobre%20pr%C3%A1ticas%20musicais%20intrumental%20e%20vocal/Aquecimento%20e%20desaquecimento%20vocal.pdf>. Acesso em: 8 fev. 2022.

SCHERER, C. de A. A contribuição da música folclórica no desenvolvimento da criança. **Revista Educativa**, Goiânia, v. 13, n. 2, p. 247-260, jul./dez. 2010. Disponível em: <http://seer.pucgoias.edu.br/index.php/educativa/article/view/1416/932>. Acesso em: 8 fev. 2022.

SERGL, M. J. A música cantada indígena e o universo composicional de Heitor Villa-Lobos. **Revista Música**, v. 19, n. 2, p. 160-185, dez. 2019. Disponível em: <https://www.revistas.usp.br/revistamusica/article/view/163511/158359>. Acesso em: 8 fev. 2022.

SILVA, T. C. **Fonética e fonologia do português**: roteiro de estudos e guia de exercícios. São Paulo: Contexto, 1999.

SOBREIRA, S. G. **Desafinação vocal**. Rio de Janeiro: Musimed, 2003.

SUNDBERG, J. **Ciência da voz**: fatos sobre a voz na fala e no canto. Tradução de Gláucia Laís Salomão. São Paulo: Edusp, 2015.

TOFFOLO, R. B. G. **Motivo**: eu canto porque o instante existe – para coro misto. Curitiba: UTFPR, 2016. Disponível em: <https://drive.google.com/file/d/1Kv7dRFBf_5YZeSDPsl7G5JHCzrs6T_Ci/view>. Acesso em: 2 mar. 2022.

VILLA-LOBOS, H. **Guia prático**: estudo folclórico musical. São Paulo; Rio de Janeiro: Irmãos Vitale, 1932. v. 1. Disponível em: <https://www.legadomusical.com.br/canto-coral-em-pauta/o-canto-coral-no-brasil/villa-lobos>. Acesso em: 8 jan. 2022.

BIBLIOGRAFIA COMENTADA

CASCARDO, A. P. **Aquecimento e manutenção da voz**. Edição do autor. Curitiba: [s.n.], 2018.

> Esse livro aborda desde tópicos sobre a saúde e a fisiologia vocal até exercícios de respiração, articulação e ressonância que o cantor deve fazer regularmente a fim de manter sua voz saudável e tonificada. Ainda conta com uma análise sobre a importância do desaquecimento vocal. O livro é acompanhado de partituras e CD com *vocalises*.

GOMES, L. **1808**: como uma rainha louca, um príncipe medroso e uma corte corrupta enganaram Napoleão e mudaram a história de Portugal e do Brasil. São Paulo: Globo, 2014.

> Laurentino Gomes é um historiador responsável por obras que detalham alguns dos momentos mais importantes da história do Brasil. Esse livro apresenta detalhes de como foi a partida e a chegada da Família Real em solo brasileiro e como esse fato impactou a cultura e a economia da época, provocando profundas transformações na sociedade brasileira.

PINHO, S. M. R.; KORN, G. P.; PONTES, P. **Músculos intrínsecos da laringe e dinâmica vocal**. 2. ed. Rio de Janeiro: Revinter, 2014. v. 1.

Trata-se de um material fundamental para todos os profissionais da voz, que aborda com profundidade toda a musculatura intrínseca da laringe, além de apresentar exemplos de alguns cantores. O livro discorre de maneira científica sobre as últimas descobertas no campo da fisiologia vocal.

SILVA, T. C. **Fonética e fonologia do português**: roteiro de estudos e guia de exercícios. São Paulo: Contexto, 1999.

Trata-se de um livro bastante completo para quem quer aprender mais sobre como acontece a articulação das consoantes e das vogais da língua portuguesa. Também apresenta diversos exercícios para identificar e transcrever corretamente os sons produzidos durante a fala.

SUNDBERG, J. **Ciência da voz**: fatos sobre a voz na fala e no canto. Tradução de Gláucia Laís Salomão. São Paulo: Edusp, 2015.

Trata-se de uma obra essencial para todos aqueles que desejam se aprofundar em acústica vocal. O livro aborda os fenômenos vocais sob a ótica da física, com gráficos, cálculos e demais análises acústicas. Embora seja uma obra bastante técnica, é possível entender e se aprofundar nos assuntos da voz cantada, pois o embasamento teórico proporcionado pelo autor é muito bem exemplificado.

RESPOSTAS

Capítulo 1
Teste de som

1. c
2. e
3. c
4. e
5. e

Capítulo 2
Teste de som

1. b
2. e
3. c
4. d
5. c

Capítulo 3
Teste de som

1. d
2. c
3. d
4. c
5. c

Capítulo 4
Teste de som

1. d
2. e
3. b
4. d
5. c

Capítulo 5
Teste de som

1. c
2. e
3. a
4. c
5. d

Capítulo 6
Teste de som

1. a
2. c
3. d
4. e
5. e

SOBRE A AUTORA

Priscilla Battini Prueter é mestra em Música pela Universidade Federal do Paraná (UFPR); especialista em Regência Coral pela Escola de Música e Belas Artes do Paraná, da Universidade Estadual do Paraná (Unespar); licenciada em Música e bacharela em Canto Lírico pela mesma escola da Unespar; e licenciada em Magistério Superior pela Faculdade Vizinhança Vale do Iguaçu (Vizivali).

Começou a tocar piano aos 9 anos de idade, sob orientação do professor Jorge Fernando de Almeida Barros. Aos 15 anos, assumiu a regência do Coral da Estaca Boa Vista, da Igreja de Jesus Cristo dos Santos dos Últimos Dias, na qual trabalhou como voluntária por dez anos.

Em 2009, assumiu o cargo efetivo de professora da Universidade Tecnológica Federal do Paraná (UTFPR), na qual atua como maestra dos corais universitários e como coordenadora do Programa de Extensão Universitária Vozes da Tecnológica, que mantém as atividades dos grupos artísticos, a temporada de apresentações musicais e a formação de novos regentes corais. Sob sua direção, o Coral da UTFPR ganhou prêmios em festivais nacionais e internacionais de canto coral, como o Concurso de Corais da Rede Globo de Televisão (2011) e o Festival Internacional de Corais de Curitiba (2014 e 2015).

Foi vencedora do Prêmio Arte e Educação da Fundação Nacional das Artes (Funarte). Recebeu a condecoração de Comendadora pela

Sociedade Brasileira de Artes, Cultura e Ensino (Sbace): Mérito Cultural Carlos Gomes.

Em 2019, foi selecionada pelo Google para fazer parte da sua Academia de Inovação e, assim, entrou para o programa Google Innovators, no qual desenvolveu o primeiro projeto de educação musical e tecnologias educacionais sob tutoria do Google Brasil.

Em 2020, lançou o primeiro álbum digital dos grupos artísticos da UTFPR em diversas plataformas de *streaming*, em comemoração aos 110 anos da instituição. Também em 2020, recebeu o Prêmio Trajetórias, da Superintendência de Cultura do Estado do Paraná, em reconhecimento às contribuições para a área de canto coral no estado.

Tem buscado estudar linguagens de programação para aproximar a música da computação. Em 2020 e 2021, coordenou uma equipe de desenvolvimento de um aplicativo para canto coral cujo objetivo é difundir a cultura coral e a educação musical.

Impressão:
Julho/2022